沖縄問題、
解決策はこれだ！
これで沖縄は
再生する。

朝日出版社

目次

第1章 沖縄問題に取り組むための心得

第2章 こんな重要な沖縄だからケンカに勝てる

第3章 沖縄ビジョンX 1996年国際都市形成構想のブラッシュアップ

第4章　沖縄ビジョンXを実現するためのケンカ道

第1章

沖縄問題に取り組むための心得

言いっ放しの沖縄問題

沖縄の米軍基地問題、特に、普天間基地の辺野古への移設については、政府と沖縄県が激しくぶつかり合ってきましたが、そんななか、2018年9月の沖縄県知事選挙では、辺野古への移設を断固反対する玉城デニー氏が沖縄県知事に就任することになりました。政治家や識者らもこれまで長い時間をかけて（このたびの沖縄県知事選挙期間中もそうです）、米軍基地問題やその他の沖縄問題について激しく意見をぶつけ合ってきたのですが、どれもこれもが頭の中で考える抽象論ばかりだったという印象を持ちます。沖縄の米軍基地の必要性を説く人たちは、日本の安全保障を強調し、米軍基地に反対している人たちのことを「暴力集団」「沖縄県民以外の活動家」「中国・韓国人が多い」「カネをもらって動いている」と口を揃えて罵ります。他方、米軍基地は絶対反対と説く人たちは、本土は沖縄のことをまったく考えていないと憤り、日本の安全保障上米軍基地が必要なのであれば、本土に基地を構えろ！　と主張します。そして、普天間基地の辺野古移設についても絶対反対と言うばかりで、提案できる具体策もないまま、現行の法律に基づいて政府が粛々と辺野古移設工事を進めることについて、なすすべもなく、万策尽きた感がありました。

これまでは、このような主張が延々ぶつかり合うだけで、巷に溢れる沖縄問題に関する本も、それぞれの立場から、自らの主張を言いっ放して終わるか、最後は「これは難しい問題である」「沖縄のことを日本全体で考えなければならない」と具体策のないお定まりの結論に終始してしまう。これでは永久に沖縄問題は解決しないですよね。

いま、沖縄問題に最も必要なものは一にも二にも解決策です。社会の課題、日本の課題を解決する手段が政治。ですから、沖縄問題については、政治的な解決策を考え、それを実行することが重要なんです。にもかかわらず、誰も具体的解決策を提起できていないのが現状です。朝日新聞や毎日新聞は、「米軍基地に悩む沖縄県民の声を拾い上げ、米軍基地を何とかしろ！」という主張以上のものを提案しないし、産経新聞や読売新聞にしてもやはり、「日本の安全保障上、米軍基地は重要だ！」「沖縄県民の理解を得られるように説明を尽くせ！」という以上のことを提案していないですよね。そして、いつも沖縄県内の選挙結果ばかりが大きく取り上げられ、米軍基地反対派と賛成派のどちらが勝ったかという結果だけが一瞬報じられ、すぐに報道熱が冷めてしまう。米軍基地反対派の沖縄県知事や市長が誕生すれば、「これが沖縄の民意だ！」と瞬間的に騒がれますけど、だからと言って、米軍基地問題が解決に向かうわけでもないし、ましてや普天間基地の辺野古移設が中止になることはないんです。それじゃあ、いったい何のための選挙だったのか。選挙で一定の民意が示されたにもかかわらず、事態が何も変わらないというのであれば、それは選挙をやった意味がないですよね。これは選挙制度じたいの問題なのか、それとも選挙の使い方が間違っているのか、いずれにせよ何らかの問題があることは間違いないでしょう。

「沖縄問題」は、政治のルールに基づくケンカで解決しよう

政治とは、口で言うばかりの学者やTVのコメンテーターが生きている世界とは全く異なります。問題点を指摘するばかりでは意味がない世界。一言でいうと「実行してなんぼ」の世界なんです。

本書は問題を指摘して終わるあまたある本とは異なり、こうすれば「沖縄問題」を政治

的に解決することができるという具体的な提案をします。それは、「政治」「選挙」「投票」という民主主義の力を使ってさまざまな改革を行い、諸課題を解決しながら大阪を実際に動かしてきた僕だからこそ言える、「沖縄問題」を解決するための政治的な具体案です。具体案は当然のことながら、単なるアイデアや学者の意見とは異なり、実行するための政治プロセスを伴っていないといけない。ゆえに今回の具体的な提案は、大阪府知事や大阪市長、そして国政政党日本維新の会代表も経験した僕が、もし自分が沖縄県知事だとしたらいまも紛糾している沖縄問題をどのように政治的に解決するかという視点から考えたものです。一言でいうと、「本土の国会議員や日本政府とどう政治的にケンカをするか」という視点から戦略・戦術を練りました。

こうした僕の政治手法には、「ケンカ民主主義」だとか「敵を作る幼稚な手法」といった批判がいつも浴びせられます。識者たちは「落ち着いた冷静な話し合いこそが民主主義だ」ともっともらしいことをいつも言ってきますね。

そんなことを言われますけど、僕だって、知事、市長の仕事の9割方は話し合いできっちり解決してきたんです。8年間の知事、市長時代に予算案が否決されたことは一度もないんですから。僕の編成する予算案は、そのへんの首長が編成する予算案とは異なり、議会と激烈に対決するような予算案ばかりでした。そして議会においては、与党である大阪維新の会はいつも少数派でしたから、必ず他党の賛同を得なければ予算案を通すことはできない状況でした。ですから、他党と話し合いを重ねながら、時には譲歩、妥協をするなかで、予算を成立させていったのです。

もちろん予算以外の改革案件のうち1割ほどは、完全に議会と真っ向対決しなければなりませんでした。そのうち、政治的勝利を収めて進めることができたものもあれば、政治的敗北を喫し、否決されたものもありました。敗北の最たるものが、みなさんもご存知の「大阪都構想」ですね。

当たり前ですけど、話し合いで解決できるものは、話し合いでどんどん解決すればいいんです。しかし、どうしても話し合いでは解決できないものも現実的に存在します。そのひとつが、沖縄問題の中核である米軍基地問題ですね。これは、話し合いで解決できずにズルズルここまできているわけです。話し合いで一向に解決できないものを、大人ぶって「話し合いで解決しろ!」と言うのは無責任極まりないと思いませんか。話し合いで解決できないのであれば、ルールに基づいた政治的ケンカで解決するしかない。

民主主義とは話し合いで解決することを主軸としつつも、話し合いでどうしても解決できない場合には、政治的な戦いで決着することも当然含んでいます。

僕は政治家時代、さまざまなかたちで政治的な戦いをしかけて、大阪の改革を進めてきました。その結果、この30〜40年間、日本の第二の都市と言われながら衰退著しかった大阪が、いままさに動き出してきたのです。その一例が、２０２５年大阪万博です。大阪市が６０００億円ともいわれる莫大な税金を投じて大失敗した未来都市計画の残滓である巨大な埋め立て地が、大阪万博の会場になり、さらにはカジノを含む巨大リゾート地に生まれ変わろうとしています。政治的な戦い・ケンカには、大きな課題を解決する力があるんです。沖縄問題こそ、本土の国会議員や日本政府と政治的な戦い・ケンカを行って解決していくべき問題だと思います。

さる２０１８年10月26日、沖縄県議会において、普天間基地の辺野古移設の賛否を問う県民投票を実施する条例が制定され、２０１９年2月24日に県民投票が実施されることになりました。これは、沖縄が日本政府に揺さぶりをかけるケンカ手法の一つと言ってよいでしょう。県民投票というかたちのケンカはかなり有効な手段だと言えますが、「辺野古移設の賛否」を問うだけではおそらくケンカに負けてしまう。それでは、どのようなかたちの県民投票をしかけるべきなのか。そこが肝になると僕はにらんでいます。

本書は、僕が沖縄県で行った講演会での話を基に加筆し、まとめたものですが、8年間の政治家時代において、国会議員や日本政府はもとより、あらゆる相手と政治的にケンカをしまくってきた僕の政治的ケンカのやり方がいっぱいつまった本です。沖縄問題を解決するために、沖縄は本土の国会議員や日本政府とどのように政治的にケンカをしていくべきか、日本のみなさんに向けてはもちろん、玉城デニー沖縄県知事率いる沖縄県庁そして沖縄県議会に向けての指南書として書いたつもりです。

民主国家においては、政治家の政治的ケンカについての最終権限者と最終責任者は有権者です。ですから、沖縄の有権者も本土の有権者もこの指南書の言わんとするところを十分に理解してもらい、沖縄問題を解決するために、うまく政治家同士をケンカさせてほしいのです。表面的には、玉城知事や沖縄県庁への指南書のように見えながら、本質的には、玉城知事・沖縄県庁と本土の国会議員・日本政府をうまく政治的にケンカさせるための、有権者向けの指南書だと思っています。読者のみなさんには、本書を活用して、玉城知事、沖縄県庁、国会議員、日本政府をうまく転がして沖縄問題を解決することに一歩を踏み出してほしい。これまでのような、解決に向かわない言いっ放しの意見や相手への誹謗中傷、そしてそれらに基づいた政治は、いたずらに時間を浪費するばかりで、沖縄県民、ひいては日本国民のためにまったくならない。

沖縄県は日本の中で最も可能性に富む地域だと僕は断言したい。玉城知事・沖縄県庁・沖縄県議会と国会議員・日本政府が一体となって、本書で示した具体的な政治的プロセスを踏むことで、素晴らしい沖縄を作り上げていってほしいです。

「県民ニ対シ後世特別ノ御高配ヲ賜ランコトヲ……」の意味

僕は本土の大阪の人間です。沖縄以外を本土と呼ぶことは、日本の中から沖縄だけを分断するような感じもしますが、本書ではあえて本土と言います。その本土の大阪に住んでいる僕は、普天間基地の辺野古移設には賛成の立場です。でも、この基地問題を含めた沖縄問題が一向に解決しないことに居ても立ってもおられず、沖縄に何度も足を運び、沖縄の歴史や政治経済、社会状況などを勉強しながら、自分が沖縄の人間なら沖縄問題をどう感じるだろうかという視点で、その解決案を考えてきました。

沖縄のみなさんの中には、本土の人間は沖縄のことをどれだけ想ってくれているのか、日本政府は沖縄のことをどれだけ考えてくれているのか、本当に日本政府は沖縄を守ってくれるのか不安に思っている人も多いでしょう。

正直なところ、沖縄問題に関する沖縄の空気感と本土の空気感はまったく異なります。「沖縄問題」すなわち、米軍基地がらみのいろいろな問題、そして米兵が引き起こす社会問題など、信じられないくらいたくさんの事件が起きており、この沖縄問題を「沖縄タイムス」「琉球新報」という地方紙は一生懸命報じていますが、その影響力は残念ながら沖縄県内留まりです。もちろん、朝日新聞や毎日新聞などの全国主要紙もしきりに報じてはいますが、いくら一生懸命報じたとしても、ヘリの墜落事件とか米兵の暴行事件とか衝撃的なニュースがあった時に大騒ぎになるだけで、結局、本土の人間の間に沖縄問題を解決しようとするうねりは起きません。特に、これからの日本を背負う本土の20代、30代の若者たちは、どこか他人事です。

どうしてこんなにも、本土に住んでいる人間は――もちろん僕自身も含みます――沖縄に対して、ここまで冷淡でいられるのかを考えてみました。僕の答えは簡潔で、それは歴史教育の問題だと思うんです。つまり、本土の人間が沖縄のことや沖縄のみなさんが置かれている現状を理解をするために必要な歴史教育が日本において不十分なんです。

僕も先の沖縄戦についてその詳細を知ったのは、恥ずかしながら社会人になってからのことです。沖縄のみなさんには、「すみません」と謝るしかありません。

沖縄戦のことも、戦時下の沖縄の人びとの状況についても、沖縄の歴史そのものからしてそうですが、僕は小学校、中学校、高校の時に学校できちんと教えてもらった覚えがありません。日本史を本格的に勉強するようになるのはだいたい中学校、高校時代ですよね。大学受験の時にも僕は「日本史」を選択しましたけれども、その日本史の教科書でも「沖縄戦」の記述はほんの少ししかなかったと記憶しています。沖縄戦が大変悲惨であったということは認識していましたが、具体的にどんな戦況下にあって、沖縄のみなさんがどれほど犠牲になったのか、特に、日本軍が沖縄県民をほったらかしに、いわば捨石にして、県民のみなさんの命がどれほど犠牲になってしまったのか、そういったことの詳細は、社会人になってからの勉強で初めて知ったことです。僕の子どもら――無計画に７人もおりますが――に対して、僕が勉強して学んだ沖縄のことをいろいろ話してみても、口を揃えて「そんなことは知らなかった」「学校で教えてもらっていない」と言いますからね。学校で全然学んでいないんだなということがよくわかります。

政治家が有権者の意向を気にする民主政治においては、有権者の強い意思こそが政治エネルギーの根源ですから、「朝日新聞」や「毎日新聞」がいくら一生懸命に沖縄の犠牲や負担について記事で書いたとしても、本土の人間が沖縄問題を自分事のように切実に感じて、本気で解決しようという強い意思を持たなければ、沖縄問題を解決するための政治的エネルギーは生まれません。そして、本土の人間が、沖縄問題を自分事として認識し、本気で解決しようと思うには、やはり沖縄の歴史を知らなければなりません。沖縄問題を解決するためには、まずは本土の人間が沖縄問題のことをきちんと理解できるような小中高での教育が絶対に必要ですね。

先ほども言いましたが、僕も偉そうなことは言えません。社会人になってから沖縄の戦地跡をたずね歩き、いろいろと勉強したのですから。そんななかで知った重要な歴史的出来事があります。それはご存知の方も多いと思いますが――あまりにも有名な話の紹介ですみませんが――1945年（昭和20年）6月6日に、日本海軍沖縄方面根拠地隊司令官だった大田實《みのる》海軍少将が、海軍次官宛てに発信した、あの辞世の電報のことです。僕がこの事実を知ったのは、30歳手前の頃だったと思いますが、言葉では言い表せない衝撃を受け、沖縄問題の解決のために何らか力を尽くしたいと強く思ったきっかけとなりました。

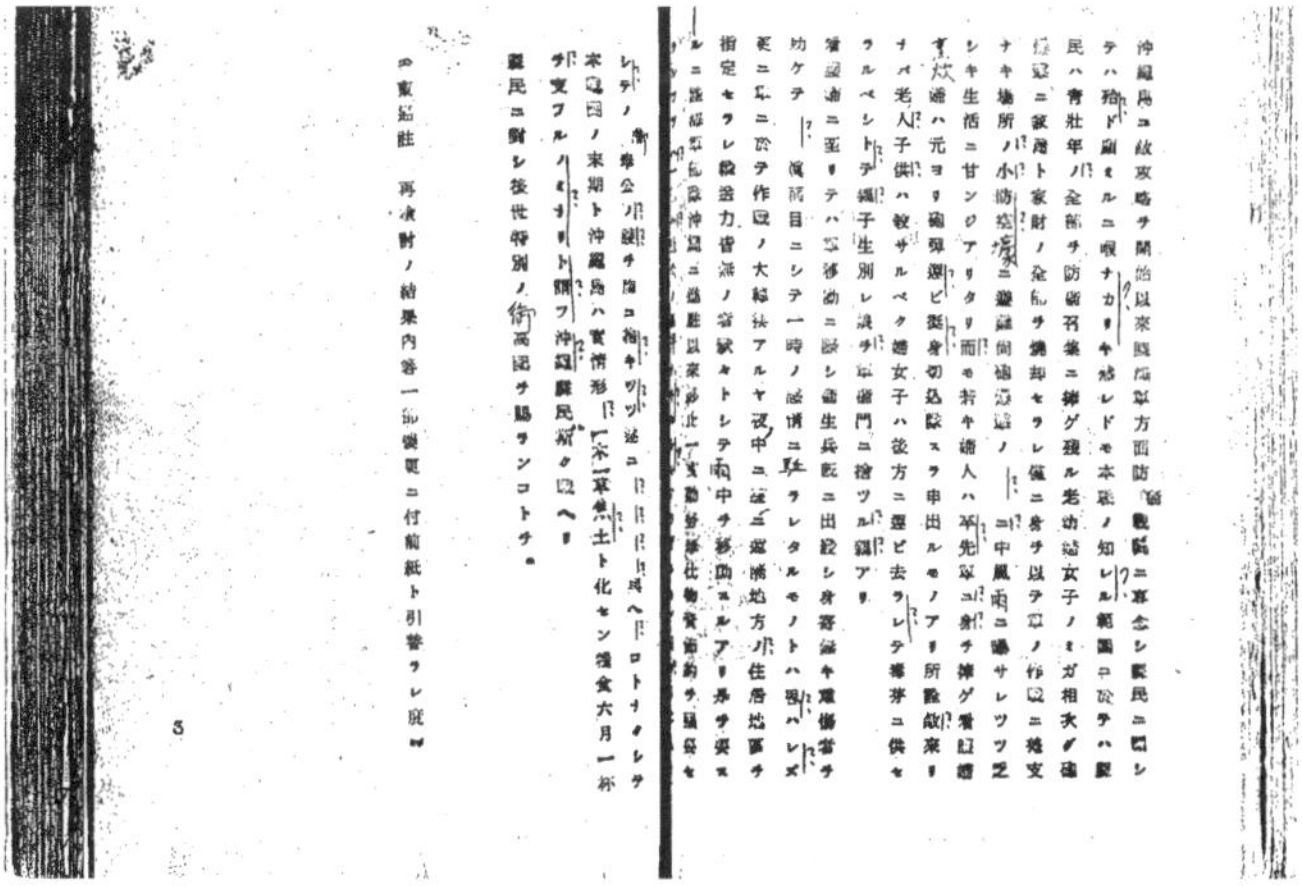

沖縄島ニ敵攻略ヲ開始以来陸海軍方面防衛戦闘ニ専念シ県民ニ関シ
テハ殆ド顧ミルニ暇ナカリキ然レドモ本職ノ知レル範囲ニ於テハ県
民ハ青壮年ノ全部ヲ防衛召集ニ捧ゲ残ル老幼婦女子ノミガ相次グ砲
爆撃ニ家屋ト家財ノ全部ヲ焼却セラレ僅ニ身ヲ以テ軍ノ作戦ニ差支
ナキ場所ノ小防空壕ニ避難尚砲爆撃ノ[illegible]中風雨ニ曝サレツツ乏
シキ生活ニ甘ンジアリタリ而モ若キ婦人ハ率先軍ニ身ヲ捧ゲ看護婦
炊事婦ハ元ヨリ砲弾運ビ挺身切込隊スラ申出ルモノアリ所詮敵来リ
ナバ老人子供ハ殺サルベク婦女子ハ後方ニ運ビ去ラレテ毒牙ニ供セ
ラルベシトテ親子生別レ娘ヲ軍衛門ニ捨ツル親アリ
看護婦ニ至リテハ軍移動ニ際シ衛生兵既ニ出発シ身寄無キ重傷者ヲ
助ケテ[illegible]真面目ニシテ一時ノ感情ニ馳ラレタルモノトハ思ハレズ
更ニ軍ニ於テ作戦ノ大転換アルヤ夜中ニ遥ニ遠隔地方ノ住居地区ヲ
指定セラレ輸送力皆無ノ者黙々トシテ雨中ヲ移動スルアリ是ヲ要ス
ルニ陸海軍部隊沖縄ニ進駐以来終止一貫勤労奉仕物資節約ヲ強要セ
ラレテ御奉公ノ[illegible]ヲ胸ニ抱キツツ遂ニ[illegible]コトナクシテ
本戦闘ノ末期ト沖縄島ハ実情形[illegible]一木一草焦土ト化セン糧食六月一杯
ヲ支フルノミナリト謂フ沖縄県民斯ク戦ヘリ
県民ニ対シ後世特別ノ御高配ヲ賜ランコトヲ
[illegible]註　再[illegible]ノ結果内容一部変更ニ付前紙ト引替ラレ度

大田實海軍少将による辞世の電報。「南西諸島方面電報綴（昭和20年6月）」（防衛相防衛研究所所蔵）より

　この電報を少し読んでみますね。「沖縄島ニ敵攻略ヲ開始以来陸海軍方面防衛戦闘ニ専念シ」＝自分たちの防衛に専念し、「県民ニ関シテハ殆ド顧ミルニ暇ナカリキ」＝もう県民のことを全然顧みていない。「然レドモ」＝でも、自分が知っている範囲においては、沖縄県民はとにかく一生懸命がんばってやったんだ、と。「婦人ハ卒先軍ニ身ヲ捧ゲ看護婦烹炊婦」「元ヨリ砲弾運ビ挺身切込隊スラ申出ルモノアリ」＝女性は率先して軍に身を捧げて、看護婦や炊事婦、さらには砲弾の運搬、切込隊すら申し出る者もいた。「所詮敵来リナバ」＝敵が来れば、「老人子供ハ殺サルベク婦女子ハ後方ニ運ビ去ラレテ毒牙ニ供セラルベシトテ親子生別レ娘ヲ軍衛門ニ捨ツル親アリ」＝老人子供は殺され、婦女子は敵の毒牙にかけられ（性的暴行を受け）るので、あえて親子生き別れを選んで娘を軍陣営の門に捨てる親もいた。「更ニ軍ニ於テ大転換アルヤ」、すなわち、本土にある日本陸海軍の司令部（大本営）は、急に沖縄戦から撤退してしまった。そうしたら、「遥ニ遠隔地方ノ住居地区ヲ指定セラレ」「輸送力皆無ノ者黙々トシテ雨中ヲ移動スルアリ」＝いきなり軍が「ここに逃げろ」と遠くの地域を指定し、輸送手段がない者も黙々と雨の中を移動していた。「是ヲ要スルニ陸海軍部隊沖縄ニ進駐以来終止一貫勤労奉仕物資節約ヲ強要セラレツツ」＝これをまとめると、陸海軍が沖縄にやってきて以来、県民は最初から最後まで勤労奉仕や物資の節約をしいられ、「只々日本人トシテノ御奉公ノ護ヲ胸ニ抱キツツ遂ニ与ヘルコトナクシテ本戦闘ノ末期ト沖縄島ハ実情」＝ついに報われることもなく、この戦闘の最期を迎えてしまった。「草焦土ト化ス」＝一本の木、一本の草さえすべてが焼けてしまった。「糧食六月一杯ヲ支フルノミナリト謂フ」＝食べ物も6月一杯を支えるだけという。

そしていよいよ次の句です。大田實司令官は次の言葉で電報を結び自ら命を絶ちました。

沖縄県民斯ク戦ヘリ
県民ニ対シ後世特別ノ御高配ヲ賜ランコトヲ

沖縄の人びとは大日本帝国の臣民として、たとえ捨石になるとわかっていても、草木もろとも焦土と化す沖縄の地で、わが身を省みず、命を放擲して一所懸命に戦い抜いたのだ、だから将来、沖縄県民を大切に、大切にしてくださ い、と。大田實司令官は軍の上層部に対して、みずから電報を打ったわけですが、将来沖縄県民を大切にしてくださいとお願いしたのは軍の上層部に対してというよりも、日本人、それも将来の日本人に対してお願いしたのではないでしょうか。自決する前に、沖縄県民の将来を、将来の日本人に託さんとした大田實司令官の最後の言葉は、沖縄の明るい未来を願う尊い精神であると同時に、その将来の日本人にあたる僕らには大変重いメッセージですよね。それは、将来の日本人が沖縄県民のことを大切にしないかもしれないという危惧をもこめられたメッセージのようにも感じられます。大田司令官の言葉は、沖縄の来し方行く末をどこまでも案じる、永年のメッセージであり、後世の僕らに重く響きます。

僕らは沖縄県、沖縄県民に対して特別の配慮をしているのだろうか？

沖縄問題を解決するには、大田實司令官のこのメッセージを日本国民全体でしっかりと理解することがスタートです。そのためには、沖縄戦のことはもとより、沖縄の歴史についても理解する必要があります。

この沖縄の歴史を見れば、本土は恐縮するはず

琉球はかつて、海洋上の地の利を活かし、中国に対しては貢物を納め服従を誓い、中国の皇帝から琉球国王として認めてもらう関係を築き、同時に、貿易を許される「冊封体制」の中にあって、大陸や日本、東南アジアにも交易の輪を広げ、アジアの一大中継貿易地として繁栄している王国でした。

こうした冊封体制という外交のかたちは、1609年（慶長14年）、薩摩藩の侵攻から変化が生じ始めます。貿易利権の独占をねらった島津藩が、「琉球征伐」に踏み切ったのです（当時は徳川幕府の鎖国政策が始まっていませんでした）。薩摩藩に敗れた琉球は王国の体制のまま、日本の「幕藩体制」に組み込まれ、中国との「冊封体制」との共存を図

る板挟みの状態になったのだといえます。

黒船で来航し、江戸幕府に開国を迫ったアメリカのペリーも、浦賀入港の1カ月ちょっと前に琉球に上陸しています。イギリスを初めとするヨーロッパ列強の動きもさることながら、中国の動きを特に牽制するアメリカにとって、日本と中国の狭間で揺れ動く琉球という国が地政学上の要所と考えられていたことが、アメリカ海軍省が刊行した『日本遠征記』からも窺い知れます（太平洋戦争時の沖縄が日米間の主戦場となったことも、必然の成り行きだっといえるでしょう）。

明治新政府樹立後、西洋列強との外交的立場も見すえ、日本は中国（清）との争いをできるかぎり避けようとしました。廃藩置県にあっても、琉球を「藩」として残し、為政者を、琉球の独立性を示す「藩王」として据えたのです。これは、中国との冊封体制を完全には解消せず、曖昧にでも、そうした外交関係を残すことを一時は考えたようです。しかし、１８７５年（明治7年）、琉球船の台湾遭難事件（台湾に漂着した琉球人の乗組員54名が地元民に殺害された）をきっかけに、冊封体制の急転換を琉球藩は新政府から迫られることになります。どういうことかというと、本事件を受けて明治新政府は中国（清国）に対して「琉球人は日本人である」という立場を明確にした抗議を行い、台湾の当犯罪者を取り締まるよう要求したのです。これに対して清国政府は、台湾で起きたこの事件を「化外の地」（統治管轄外の地）の出来事だと反論。1874年、明治政府は台湾に出兵し、最終的にはイギリスの調停により、清国が日本に賠償金を支払うかたちで決着をみます。このなかで琉球人を「日本国属民」と表現することを認めています。そして台湾出兵の翌年である1875年、明治政府は琉球に対し、清国との間における冊封・朝貢関係の廃止を通達、清国との関係断絶を求めたのです。これに対し、琉球は清国との関係の存続を訴え抗議しますが、日本政府は1879年に「琉球藩」を廃止し、沖縄県を設置するにいたります。

先の大田司令官のメッセージに加えて、このような薩摩による琉球征伐、明治新政府の「琉球処分」という歴史を見れば、現在の我々本土の人間は、沖縄に対して恐縮し、特別の配慮を持つ必要があることは明らかです。

基地問題は沖縄戦から始まっている

１９４５年（昭和20年）３月26日、米軍の慶良間《けらま》諸島上陸作戦に始まった沖縄戦は、８月14日のポツダム宣言の受諾を受け日本が敗戦処理を進めるさなかも戦闘状態が続いており、日本軍の武装解除がなされたのは9月上旬だったといいます。ところで、米軍の沖縄上陸作戦の主たる目的ですが、当初から米軍基地の構築と決まっていました。ですから沖縄戦の最中に、日本軍の港湾を占領したり日本軍の飛行場を整備・修復したりしています。飛行場は、九州以北の日本爆撃のための出撃基地となりました。さらに基地拡大（住民を難民収容所に隔離し、集落や田畑、山林原野などを接収）が進められていったことは、みなさんもご存知ですね。今日にいたる沖縄の基地問題はこうして、沖縄戦からすでに始まっているわけです。こうして米軍による沖縄での軍政が着々と敷かれ、沖縄のみなさんの土地は軍用地として接収されてしまった。１９４６年になると、沖縄群島では、軍政地区の廃止にともない、戦前の市町村が復活し、沖縄民政府が発足します。しかし議会には立法、予算の権限が与えられておらず、実質、米軍政府に統治されるかたちでした。ひどい話ですが、こうして米軍の沖縄基地化が着実に進められていったわけです。

当時の米統合参謀本部は、この頃から沖縄という地は、グリーンランド、アイスランド、ニューファンドランド島などとともに、アメリカにとっての最重要基地と位置づけ、排他的戦略的支配の地としたのです。沖縄戦では沖縄の人びとの多大な犠牲とともに、米軍もまた、多くの痛手、損害を被ったことは言うまでもありません。そうした米軍の犠牲を無駄にしないためにも、沖縄を米軍の世界戦略拠点とする必要があったし、日本の再軍事化を防ぐためにも米軍による沖縄統治が是が非でも必要だったということだと思います。

そればかりではありません。第二次世界大戦後の、アメリカとソ連のいわゆる「冷戦」が、１９４８年の韓国と北朝鮮という朝鮮半島の分断、49年の中華人民共和国建国、50年から始まる朝鮮戦争によって表面化し、沖縄が重要な軍事拠点として機能しました。実際、朝鮮戦争では沖縄が米空軍の出撃地となっています。共産圏に睨みをきかせる極東地域における米軍の砦のごとく、沖縄という場所が捉えられていたことは確かでしょう。

日本政府の背信的態度が明らかとなったサンフランシスコ平和条約

１９５１年（昭和26年）9月8日、サンフランシスコ平和条約の調印により、日本は独立を果たしましたが沖縄はアメリカの施政下に置かれます。すなわち沖縄は日本から切り離されたのです。奄美、小笠原もそうでしたよね。同日に、（旧）日米安全保障条約が締結されます。この安全保障条約によって、「極東における国際の平和及び安全の維持」と「日本国の安全」のために、米国の陸海空軍は、日本全土で「施設及び区域を使用」する権利を日本に認めさせたのです。日本国は、アメリカから独立を果たし、主権を回復しますが、沖縄はアメリカに帰属したまま。沖縄は主権回復されないまま、引き続き米軍の統治下で支配され続けることになりました。アメリカは日本全土で基地を設置できる権利を持つにもかかわらず、日本を守る義務は負わないという日本にとってたいへん不平等な条約であると同時に、沖縄にとっては、日本から切り離されるという、これまたたいへん屈辱的な条約でした。

どうしてこんな条約を締結させられたかについてはいろいろな見解があります。米軍は日本を米軍基地の拠点としてできるかぎり使いたいので日本の独立には消極的であり、他方、米国務省（外務省）は日本の自主独立に積極的だった。当時の日本の吉田茂首相も何とか独立を果たしたいという思いが強く、この利害調整の中で、平和条約とは別に、日本が自らの意思で日本国内に米軍基地を設置した体裁を整えたという捉え方に僕は与します。もちろん、米ソ冷戦が顕在化した朝鮮戦争が大きな要因となったことも事実でしょう。先ほど、沖縄がアメリカ空軍の出撃地となったと言いましたけど、出撃基地として、また後方支援基地や訓練の基地として、沖縄が重要な拠点であることを再認識したのでしょう。「日本が独立するための絶対条件として、サンフランシスコ平和条約や旧日米安保条約が締結された、これは当時の状況からしてやむをえないことだったんだ」と言っても、それは本土の立場での言い分です。沖縄戦に引き続き、本土は、本土のために沖縄を犠牲にする姿勢を続けてしまったんです。本土から見れば、日本の独立のためには仕方のないことでも、沖縄から見ればそれは納得できないでしょう。

もちろん本土にも、サンフランシスコ平和条約、旧日米安保条約締結後に、米軍があちこち駐留しています。1950年代、米軍が駐留していくなかで、本土でいろいろと問題が起きました。それに応じて米軍への反発、反基地闘争も国内で激化してゆきます。それに対してアメリカはどういう態度を取ったかというと、本土からの米軍基地撤退を始めるのですが、本土にあった米軍基地の役割をどうするのかといえば、おとなりの韓国や、沖縄の基地を拡充・強化して対応しようとしたわけです。

日本本土においては、日本は主権国家として、自国の政治的・法的手段を使って、米軍基地の撤廃・縮小をある程度実行することもできた。けれども、沖縄は主権を回復できていない状態のままだったので、米軍の思いのままにされた。主権がないということはそういうことなんですよ。沖縄はひどいことに、米軍によって基地を押しつけられるだけでなく、日本本土の米軍基地縮小分を押しつけられるという二重苦を背負わされてしまった。それがいまも尾を引いている沖縄の基地負担問題の淵源ですね。沖縄にとって屈辱以外のなにものでもない。沖縄からすれば、こんな馬鹿な話はないわけです。平和条約に向けた交渉が迫ろうとしていた１９５１年の段階では、沖縄の人たちの70％以上が日本国として主権を回復することを望んでいたといいます。ですからこの平和条約によって、沖縄の人が日本政府に裏切られたと思うのは当然だと思うんです。

もっとも日本がＧＨＱに統治・占領されて以後、在日米軍兵力は次第に減少していきました。イラク戦争などがよい例ですけど、戦争をして、敗戦国を占領し、支配・統治していく。その際、占領側が軍を維持していく費用は莫大なものになるわけですから、徐々に兵力を減らし軍事費を減らしていくに越したことはないわけです。ゆえに日本全体における米軍兵力そのものは減っていきました。

しかしながら、沖縄はどうなったかといえば、サンフランシスコ平和条約が発効してから、沖縄の中の米軍基地は年々増え続けていって、１９６０年の沖縄に占める米軍基地の

「プライス勧告」に反対して開かれた「四原則貫徹大会」
（那覇高校グラウンド、1956年7月28日）

面積は50年代はじめのそれに比べて2倍になっています。こうした推移は、日本本土における政治の動きや国内法で撤廃することになった米軍基地を、沖縄が肩代わりすることになったと沖縄の人々が感じるのは当然のことでしょう。ここが、沖縄だけが基地を背負わされているという沖縄の人々の本土に対する怒りの根源です。

沖縄ももちろん、米軍基地の拡充・増設のための土地の接収を黙ってそのまま受け入れたわけではありません。本土で基地反対運動が起こったように、「島ぐるみ闘争」として抵抗が続けられました。自分の土地が米軍基地に変えられてしまって、住む場所が取り上げられたりするのですから、抵抗するのは当然です。1953年（昭和28年）に「土地収用令」というものを米軍が発布して、農業で食べていた人の農地も強制的に没収した。沖縄の人の8割が農家だったわけで、生きていくための糧を奪われることになったのです。そして、この抵抗運動は日米両政府を相手に激化するのも当然の成り行きです。島ぐるみ闘争は、沖縄の軍用地問題が中心となりましたが、アメリカの軍政下での言論抑圧、人権侵害、選挙介入などに反発する社会問題として噴出し、この闘争を機に、ようやく本土の全国紙で大きく沖縄問題が取り上げられることになったのです。

東京で沖縄問題を考えよう

こうして、沖縄問題の中心である基地負担の軽減をどうするかという課題を沖縄は抱え続けていまにいたっています。それに対して日本政府は抜本的な解決策を示せているかといえば、そうとは言えません。もちろん沖縄の基地負担軽減のために、日本政府が何もやってこなかったわけではありませんが。

たとえば、２００６年（平成18年）５月１日に公表された「再編実施のための日米のロードマップ」はそのひとつでしょう。日米両国政府が発表したこの計画は、在日米軍と自衛隊の再編計画ですが、米軍だけでなく自衛隊の部隊・基地も再編し、両者の連携を高めようという試みは（具体的には、在日米空軍司令部のある横田基地に航空自衛隊航空総隊司令部が移転と、在日米陸軍司令部のあるキャンプ座間には陸上自衛隊中央即応集団司令部の配置替えが挙げられる。また、防空・ミサイル防衛に関する情報共有や日米共同訓練の拡大も計画されています）日米の防衛協力の向上に資するものでしょう。さらに、海兵隊8000人のグアム移転、そして嘉手納飛行場以南の基地の返還や北部訓練場の返還が示され、進めるべきものは着実に進んでいます。ゆえに、沖縄の基地負担軽減は一定進んでいるとも言えます。

しかしながら、このロードマップの柱である普天間基地の辺野古移設に関しては、常に激しく政治問題化し、沖縄県内の選挙においては賛成、反対が激しくぶつかり合い、賛成派の勝利、反対派の勝利が入れ替わります。基地問題の中核部分の解決が全く見通せません。そんななかで、今回と前回の2回にわたる沖縄県知事選挙では、反対派が勝利しました。

もちろん民主政治において、ある政治の案について住民が100％賛成となることはありません。賛否が割れる案について、とりあえず前に進めるための手法が多数決、すなわち選挙です。現在の日本政府の考えは「米軍基地問題は日本全体の安全保障にかかわる中核的な国政課題であり地方の課題ではない。ゆえに国政選挙の結果で判断すべきもので、地方の首長選挙によって左右されるものではない。そうであれば、普天間基地の辺野古移設の方針を掲げる現政権が、幾度となく国政選挙で勝利している以上、この方針を進めていくことには問題はない。沖縄県知事選挙では反対派の方が多いことが示されたが、日本全体ではそうではない」というものでしょう。

しかし、これまで述べてきたような、沖縄の歴史や沖縄戦そして沖縄の基地問題の経緯を振り返れば、沖縄県知事選挙における沖縄県民の意思を全く無視するわけにはいかないでしょう。これが沖縄県以外の基地問題であれば、国政選挙の結果を基に進めることができるかもしれません

でも、ここで思い出してほしいのは、大田實司令官の辞世の電報、

「県民ニ対シ後世特別ノ御高配ヲ賜ランコトヲ」

なんです。このメッセージを思い起こせば、今回の沖縄県知事選挙の結果を受けて、日本政府は辺野古移設についていったん立ち止まらなければならないし、それこそ普段から「戦争で散った先人に尊崇の念を表すべき」と言って威勢よく靖国参拝を叫んでいる自民党国会議員は、この大田司令官のメッセージを重く受け止めなければならない。

繰り返しますが、沖縄県民全員を１００％納得させることは不可能です。しかし、現在

の納得度をさらに上げることはできるし、そこに政治的エネルギーを注ぎ込み、死に物狂いでその努力をすることが、いまの政権や日本政府、そして本土の国会議員に求められていることだと思います。それこそが「県民ニ対シ後世特別ノ御高配」ではないでしょうか。しかしいまの日本政府や本土の国会議員は、大田實司令官のこの辞世の電報を知らないのか、反応が薄い。そうであれば、沖縄県知事を筆頭に、沖縄の政治家や沖縄県民は、日本政府や本土の国会議員相手に政治的なケンカをしかけて、沖縄の主張を政治的に押し通していくしかない。沖縄県知事選挙は、あくまでも沖縄県内での政治決戦です。この選挙結果が日本政府や国会にある程度の影響を与えることがあっても、沖縄の主張を押し通すまでの政治エネルギーは持っていない。現に安倍晋三政権は、粛々と辺野古移設の工事を進めています。

本土にある日本政府や国会を動かすためには、その政治決戦の舞台を県内の知事選挙から、東京の政治の場に移さなければならない。

そうなんです。沖縄は、東京で政治的なケンカをするべきなんです。東京での政治的ケンカと言ってもこれはもちろん、昔の戦争のように沖縄県知事や沖縄の政治家が、東京に殴り込んでいくという話ではありません。東京の政治の舞台で、沖縄問題がしっかりと取り上げられるようにして、日本政府や国会が、いまの沖縄県民の納得度をさらに上げる努力をせざるをえない状況を作っていく、何らかの抜本的解決策を講じなければならないような状況を作っていく。これが、東京での政治的ケンカの意味です。

いまのままでは、日本政府は法的な手続きをとりながら、粛々と辺野古移設の工事を進めていくでしょう。翁長雄志前沖縄県知事も日本政府に対して必死に抵抗していましたが、法治国家である日本にあっては、法の力を止めることはなかなかできません。法の力に対抗するためには、それは政治の力しかありません。法を作るおおもとが政治ですからね。日本政府や本土の国会議員が、法の力をもって政府の方針を沖縄に押しつけてくるときに、コメンテーターや学者の自称インテリたちがよく言う「話し合いでの解決」などはクソの役にも立たない。この場合には、政治的なケンカで勝負するしかないんです。民主主義のルールの中での「戦」ですよ。この「戦」に勝つためには「沖縄県知事選の結果を尊重せよ！」「沖縄県民の声を聞け！」「沖縄のことを考えろ！」と声を発するだけではダメなんです。これだと、保守を自称する威勢のいい国会議員が「竹島を返せ！」「北方領土を返せ！」と叫ぶだけで、何の解決もできなかった無能さと同じになってしまいます。

いまこそ、政治的ケンカをする時だ！

武力行使はやってはいけない、という現在の民主主義のルールに基づいて沖縄の主張を本土にある日本政府や国会議員に飲ませるには、武力行使に匹敵するぐらいの激しい政治的ケンカが必要なんです。

本来は、大田實司令官の「県民ニ対シ後世特別ノ御高配ヲ賜ランコトヲ」のメッセージを受けて、本土側が自発的に沖縄県民の納得度をさらに上げる努力をしなければならないところ、それが不十分だということであれば、沖縄は政治的ケンカをしかけるしかない。そしてそのようなことをやって、多少本土に迷惑をかけたとしても、大田實司令官の「県民ニ対シ後世特別ノ御高配ヲ賜ランコトヲ」という言葉によって許されるでしょう。だから沖縄問題の解決のスタートは、この大田實司令官の言葉を、日本国民全体で理解することだと先ほど述べたのです。

なぜこれほど政治的ケンカ、政治的ケンカと奨めるのか。

いま、自分の地元に米軍基地を設置してもいいですよ、と積極的に言う本土の首長や国会議員は皆無です。それは本土の日本国民が、自分の地域に米軍基地が来ることに反対するからです。しかし日本の安全保障のためには米軍基地が必要だと日本国民の多くは感じている。そして、自分のところに米軍基地が来ることは嫌なので、結局のところ日本国民の多くは、沖縄に基地がとどまってくれる方がいいと本心では思っているんです。他方でそんなことを表立って口にすることはできないので、建前上、沖縄の基地負担を軽減しなければならないとキレイごとを言う。沖縄の基地負担を本気で軽減するなら、本土で基地を引き受けなければならないんですよ。

全国知事会でも、いつも「沖縄の基地負担軽減を図らなければならない！」と政府に対する提言書をまとめるんですが、どの知事も自分のところで一部でも引き受けますよとは絶対に言わない。全国知事会の「提言書」なんて知事たちに何の責任も発生しないので、キレイごとだけを好き勝手に述べています。ＴＶコメンテーターと一緒ですね。

本来「提言書」というものは、解決策を具体的に示して、その実行プランを提案するものです。そこには責任が伴うものでなければなりません。沖縄の基地負担の軽減を提案するのであれば、その解決策まで示さなければならないのですが、全国知事会の提言書は、解決策を示すことなく、ただ「沖縄の基地負担を軽減せよ！」と口で言うばかり。これじゃ、ダメですね。

この無責任な口だけの沖縄想いの姿勢は、本土の国会議員も同じです。本土の国会議員も、地元に米軍基地を引き受けますよと本気で考えている者は誰もいません。こんな政治の状況で沖縄はどうなるのでしょう？　少し想像してみてください。絶望的な状況になる……たしかにそうかもしれません。

だからこそ沖縄は、本土の日本政府や自治体の首長、そして国会議員に完全に頼り切ることなく、むしろ彼ら彼女らを相手に、政治的なケンカをしかけて、自らの力で沖縄の意思を押し通すしかないんです。

米軍基地の負担から派生する、米軍・米兵がらみのさまざまな社会問題を抱えているというだけで、すでに最悪な状態とも言える沖縄のみなさんに、さらには本土の政治に対し沖縄問題を本気で解決しようという意気込みを感じず絶望している沖縄のみなさんに、こうした不幸で最悪な状況を沖縄自ら打破すべく、僕なりにひとつの実践的な提言をしてみたい。

巷には基地問題を含む沖縄問題の解説書や、その主たる原因となっている日米安保条約や日米地位協定の問題点を指摘する本、さらには基地反対派の問題点を指摘する本は山ほどありますが、ではどうやって沖縄問題を解決していくべきかについて具体案を論じたものは見たことがありません。多くは、「沖縄県民に配慮しなければならない」「日本全体で考えていかなければならない」というまとめで終わるものばかりです。それらの本を一冊読んだとしても、じゃあこれから具体的に何をしたらいいのかが皆目わからず、結局、沖縄のみなさんは沖縄県内で行われる選挙において投票によって自分の意思を示すしかないというのが、これまでの現実でした。沖縄県知事も、辺野古移設反対を叫び、本土の首相官邸やアメリカに出向いて反対の意思を示すしかありませんでした。しかしその繰り返しでは、沖縄問題の抜本的解決には向かわない。ゆえに、僕は沖縄問題の解決方法の一案として、「政治的ケンカ」というものを提案したい。

沖縄問題と安易に比較することはできないと思っていますが、大阪にも大阪問題が山積していました。それらの多くは、日本政府や国会議員に単純にお願いをするやり方では、なかなか解決に向かって進まなかった。このような場合に、日本政府や国会議員と政治的にケンカをして解決させたことが少なからずありました。これは後章「４　沖縄ビジョンＸを実現するためのケンカ道」のところで話します。

この僕の経験を基に、沖縄が日本政府や本土の国会議員相手に、東京の政治舞台においてケンカをする方法の一案を沖縄のみなさんにこれからお伝えしたいと思います。もし納得して下されば、この方法を参考に、みなさんが玉城知事や沖縄の政治家をガンガン突き上げ、彼らを日本政府や本土の国会議員と激しくケンカさせてください（笑）。

第2章
こんな重要な沖縄だから
ケンカに勝てる

地政学の世界地図にみる日本と沖縄

沖縄戦にはじまり今日にいたるまで、アメリカという国が、沖縄の米軍基地にここまで固執し続けているそもそもの理由はいったい何なのか。日本の政府にとっても、アメリカ政府にとっても、沖縄が重要な地域であり続けていることはたしかですね。

沖縄に基地を設けたアメリカ政府が、第二次世界大戦後軍事的に進めたものは、朝鮮戦争、ベトナム戦争にとどまらず、湾岸戦争、イラク戦争にもわたり、沖縄の軍事拠点としての重要性は増す一方でした。ベトナム戦争時、米軍の爆撃機の出撃拠点となった沖縄のことをベトナム人は「悪魔の島」と呼んでいました。爆撃されたベトナム側からすると当然そうなりますけど、米軍に加担しているとみられる沖縄は、つねにこういう風評被害に晒されてしまうという不本意なことになる。まさに完全な米軍側とみなされてしまうわけですね。もちろん日本じたいもそうなんですけど、アメリカの敵方からすると、米軍基地の拠点となっている沖縄の方にどうしても敵意と攻撃の焦点を当ててしまう。

このようにアメリカの敵方からの視点もさることながら、国際政治の視点からみて、沖縄は世界からどのように捉えられているのか。沖縄を取り巻く現在の、そして今後の国際政治情勢を理解し、「世界の中で沖縄はどうあるべきか」ということを考えていきましょう。そのためにまず「世界の中で沖縄はどんな位置にあるのか」を考えていきます。これは、専門的な言い方をすれば、地政学上、沖縄はどのように位置づけられているか、ということです。具体的には、世界地図の中で考えるということなんですけども、地理的環境が沖縄や日本、そしてそれを取り巻く各国に与える、政治的、軍事的、経済的な影響を広く考えるということです。

地政学的な世界地図を見れば、アメリカが沖縄をここまで重要視する理由は、本当によくわかります。米軍は沖縄を「太平洋の要石《かなめいし》」とよんで重視していたのです。あの、黒船ペリーの艦隊が浦賀に上陸する１カ月ちょっと前に沖縄に上陸していて調査をしています。日本が開国を拒否してきたときを想定して、沖縄を占領する準備までしていたんですね。当時から海洋航路として重要な拠点だったんです。

この世界地図を見てみてください。みなさんも世界史の授業で、これに近い世界地図を見たことがあると思います。その時代における各国の勢力を示す地図です。

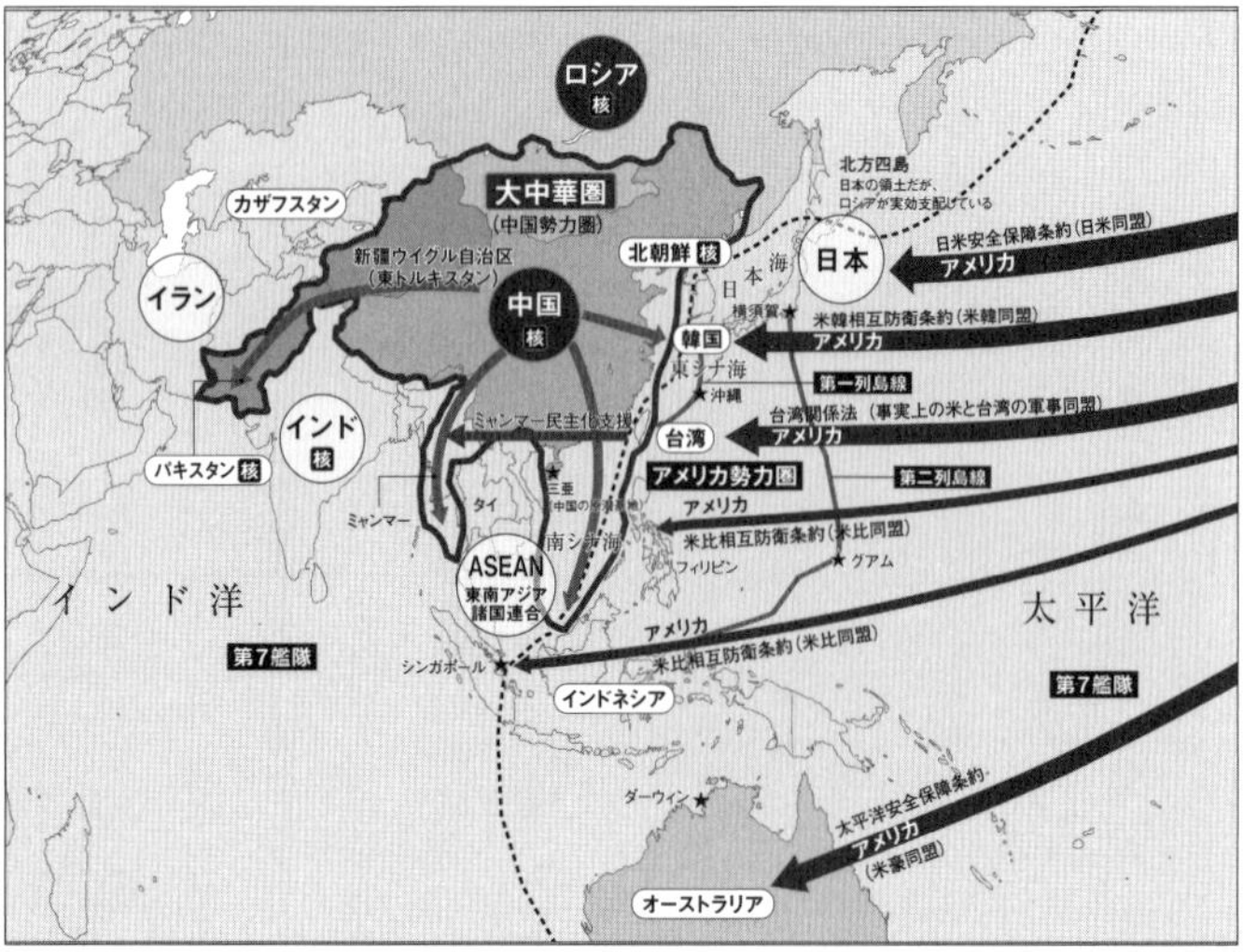

中国勢力圏とアメリカ勢力圏のせめぎ合いがわかる地政学的東アジア情勢

アメリカ大陸の方から太平洋を横切って複数の矢印が、日本や韓国、台湾、フィリピンやシンガポール、オーストラリアにまでのびているのがわかりますよね。これ何だと思いますか？　これは同盟国と安全保障条約や防衛条約を結んでいるという印ですね。日本への矢印は、日米安全保障条約ですね。韓国とは米韓相互防衛条約というのを結んでいます。オーストラリアとも太平洋安全保障条約を締結していますね。フィリピンやシンガポールとは少し毛色が違いますが、やはり軍事・防衛上の条約や協定を結んでいます。これは太平洋上でアメリカが覇権を握っているということでもあります。太平洋戦争で日本を破った結果、アメリカが勢力を広げた結果が端的に示されています。アメリカ勢力圏が、こんなところまで広がっているわけです。沖縄は韓国と台湾のちょうど中間地帯として位置しています。

では、ユーラシア大陸はどうなっているか。やはり大陸の覇権国の勢力圏がよくわかるでしょう。中国という国が大変巨大ですし、その上のロシアも脅威の大国ですね。下の方の東南アジア方面にはＡＳＥＡＮ諸国があるという構図です。もちろん北朝鮮もしっかり入っています。

おわかりでしょうが、中国、ロシア、北朝鮮には、核と地図に印がありますが、核兵器を保有している国はやはり脅威ですね。少し西側のインドやパキスタンも核保有国です。日本は、大変な脅威のある国に大陸側を取り囲まれているのです。

冷戦後の世界覇権争い

第二次世界大戦後の世界は、米ソ冷戦の幕開けに象徴されるように、資本主義・自由主義陣営の西側諸国と共産主義・社会主義陣営の東側諸国間での対立構造となりました。日本はアメリカの勢力圏に組み込まれ、次ページの地政学地図のように、日本（自由主義圏）とロシア・中国側（共産主義圏）との間の日本海に東西陣営の境界線が設けられたような感じで、米ソ冷戦構造にしっかりと組み込まれ、それがしばらく続きます。ドイツが戦勝国の米ソに二分されて、西ドイツと東ドイツに分断された時の、ベルリンの壁を思い出してみてください。あんなふうに目に見えるかたちではないけども、日本海に一種の東西の壁が築かれたイメージです。当時はヨーロッパやアジア、中南米のそこかしこで、米ソ冷戦構造に巻き込まれる事態となっていたんです。

そういったことがこの地政学地図から見てとれますね。アメリカは、自分たちの勢力圏としてこのアジア太平洋地域を、日本との戦いで勝ち獲ったわけですから、安全保障上それを自分たちの力で維持し続けなくてはならない。そしてアジア太平洋地域は、アメリカにとって経済戦略地域としても重要ですね。それは貿易ルートとして非常に重要だからです。世界貿易の5割はアジア太平洋ルートのものであり、アメリカ経済の根底である自由貿易を支えるためにはアジア太平洋地域をアメリカの勢力圏として維持する必要性が高いのです。

この地図に関わるものとして、米ソ冷戦を象徴づける歴史的事件といえば、朝鮮戦争で

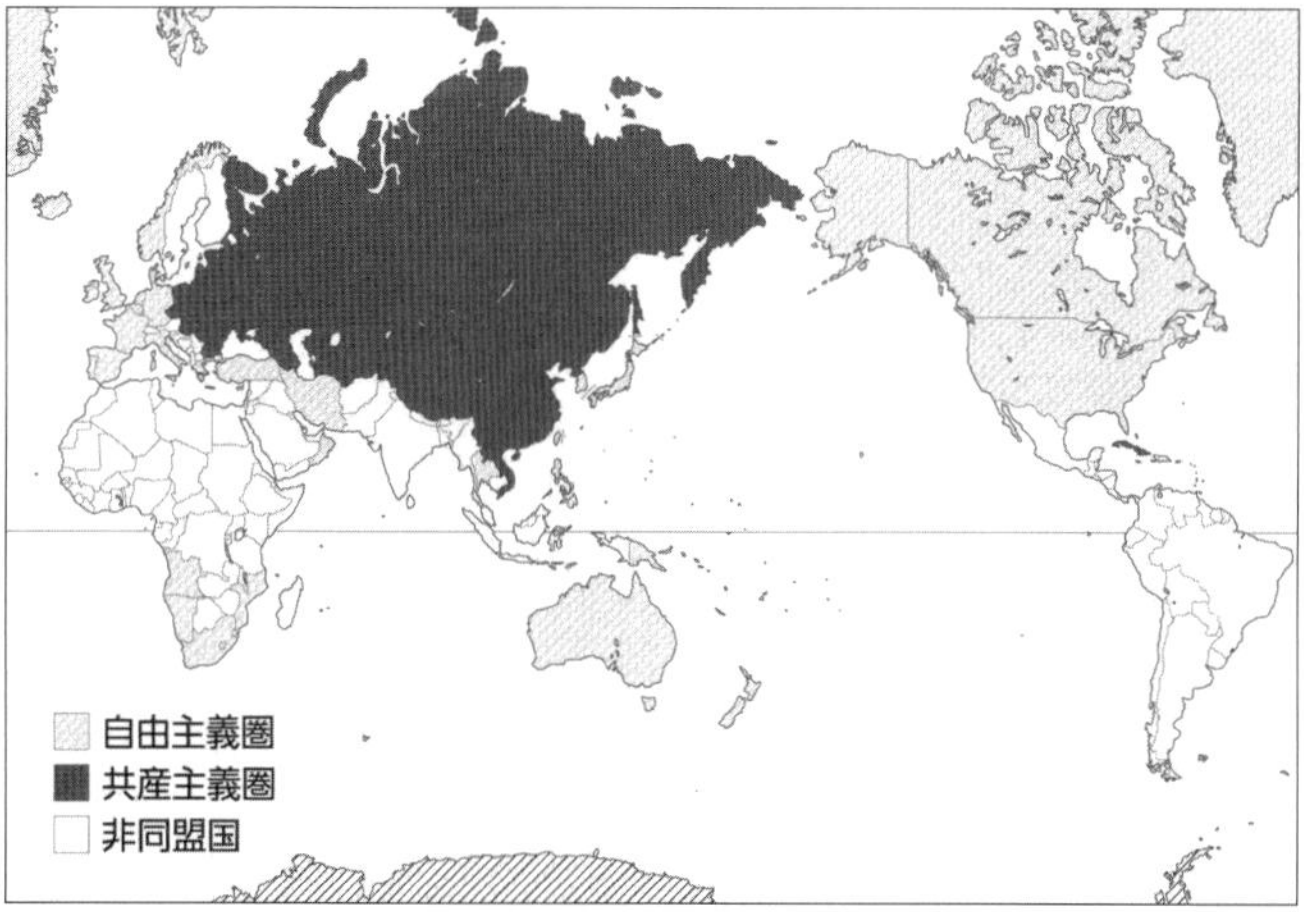

20世紀後半の自由主義圏・共産主義圏・非同盟国の分布地図

すね。米ソの対立が、両国による直接の戦争ではないかたちで表れるのが冷戦の特徴なわけですけど、そのせいで、朝鮮民族同士の対立が、政治的に利用されてしまい、いまの朝鮮半島の南北問題に至っています。代理戦争というやつです。ベトナム戦争やキューバ危機もそうですし、旧ソ連によるアフガニスタン侵攻も、イラン・イラク戦争もそうですね。

この冷戦による世界的な緊張状態、まあこれは一種の勢力均衡状態でこのおかげで大国間による大戦は生じなかったと見ることもできますが、この状態は戦後から１９８９年（平成元年）まで40数年も続いたんです。そして、ようやくこの緊張が解ける事態が起きた。そうです。ソ連が消滅してしまった。ソ連の消滅とともにベルリンの壁も崩壊。社会主義陣営の国々の中に自由主義・資本主義国家になるための民主化の動きが進んだ。

その結果、どうなったか？

一番大きかったことは、ソ連がなくなり、アメリカという超大国一国が残ったことで、アメリカの覇権が強烈に進んだことですね。それに対して中小国や、大国の地位を狙っている中国、そして旧ソ連から極めて弱体化したロシアなどが不平・不満を募らしていきます。

主権国家がある以上、覇権争いは繰り返される

世界史を振り返っても、常に覇権争いの歴史でした。この点、朝日新聞を中心とする自称インテリたちは、話し合いによる世界平和を！　と理想論を声高に叫びます。まあ、話し合いによる世界平和が実現できれば、それに越したことはありませんが、そう簡単に実現できないのが国際政治の現実です。

そもそも自称インテリたちは、現在の秩序ある安定した世界であれば十分に飯を食って

いけるわけです。どこの国が覇権を取ろうが自分たちの利害には直接関係ないというような人たちです。だから世界各国の覇権争いによって現在の秩序ある状態が崩れることを一番恐れている。ゆえにとにかく話し合いをしろ！　の一点張りです。

しかし実際はどこの国が覇権をとるかで、自分の利益や損に直接つながってくるような人が世界にごまんといるわけですよ。まずは各国の権力者たちそのものがそうです。

日本の政治家には、いつも政治とカネの問題がまとわりつきます。もちろん正すべきところはきちんと正さなければならない。でも日本の政治は、他国の政治と比べればかなりクリーンな方です。もちろん、１００％完璧じゃないですよ。僕も政治家時代、多額のお金を渡されそうになりました。すべて断りましたけど。それでも、いまの日本の政治においては、大臣が有権者に「うちわ」を配ることだけで失脚する事態になる。選挙運動員に少しのバイト代を渡しただけで公職選挙法違反。賄賂も数十万円で逮捕です。

他方、イタリアなんて、選挙の演説会場では、ワインと料理が振舞われていましたし、中国なんて、何百億円単位で、共産党の幹部連中が不正蓄財をしていたという報道もあった。日本はだいぶましになってきたけど、他国では、特に非民主国家においては権力者自身が、権力を強めることではっきりと自分の利益になるわけですね。そしてその権力者に群がる企業家たちも、権力を利用して富を得ます。彼ら彼女らは、自分たちの国の力が強くなり自分たちの権力者の権力が強大になるほど富を得られるわけです。また権力者やそれに群がる企業家だけでなく国民一般だって、自分たちの国の力が強くなり覇権的になればなるほど経済的なメリットや安全保障的なメリットを受けることになります。そして国民がメリットを享受し、政治権力に対して信頼を寄せれば寄せるほど、その権力者たちの身分や地位は安定することになる。

このようにして、力のある国は、世界の中で覇権を得ようとする。これが歴史的な必然なんです。覇権争いをせず、他国に主導権を取られても気にしないのは、もともと覇権争いなどできない力のない中小国のみ。力のある国は、自らが覇権、主導権を得ようとするものなんです。この国際政治における政治的現実をしっかりと認識しなければなりません。世界が話し合いのみで平和を実現できるようになるのは、カントの「永遠平和のために」ではありませんが、世界から現在の全ての主権国家がなくなり、世界共和国なる主権国家が世界の中でただ一つの存在になった場合のみでしょう。この場合には、世界共和国内のしかるべき機関で話し合いが行われ、しかるべき決定がなされます。決定に従わない者が一部出たとしても、世界の中で唯一の存在である主権国家たる世界共和国は権力を行使してその決定に従わせることができます。これが主権国家同士だと、最後は戦争をやって自分に従わせるしかないんですよね。

まあ当たり前の話ですけど、世界に主権国家が一つだけになれば、主権国家同士での覇権争いはなくなります。世界共和国ができるまでの主権国家同士の争いは、世界共和国ができると国内の政治的な争いに変わるだけです。

そんな世界共和国ができないかぎりは、主権国家、特に力のある国は、必ず覇権争いをやり、権力者自身や自分たちの国が、他国よりも優位になるように力を尽くします。

アメリカの覇権に対して、中国が力をつけてきて覇権を狙い、ロシアも西側諸国による覇権を押し返そうと必死になっている。そんななかで、アメリカはオバマ前大統領の時から、アメリカはもはや世界の警察官ではないと宣言し、トランプ大統領も「アメリカ・ファースト」を掲げてアメリカ一国の利益だけを考えるようになった。この隙をつき、中国やロシアは益々覇権争いに精を出すようになっています。

このアメリカ、中国、ロシアの覇権争いの、ホットスポット（衝突地点）が日本海であり、沖縄なんです。

アジア太平洋地域を重要視しつづけるアメリカ

アメリカのトランプ大統領は、「アメリカ・ファースト」の方針に基づき、それまでオバマ前大統領が率先して推進してきたＴＰＰ（環太平洋パートナーシップ協定）から離脱するという大統領令に署名しました。ＴＰＰは、環太平洋地域の国々の経済自由化を推し進めようという動きで、日本を加えた12カ国で動きだそうとしていたところ、トランプ大統領によってアメリカが離脱したので、11カ国でスタートすることになりました。

オバマ前大統領は当初から、アジア太平洋地域を重視する考えを表明していますね。２０１１年（平成23年）11月、オーストラリアでこんなことを言っています。ちょっと重要だと思うので、引用します。

アメリカは太平洋国家として、この地域と、この地域の未来の形成に、より大きく長期的な役割を果たすことになる。

私たちはこの地域に未来を見る。ここは世界一成長が速い地域であり、世界経済の半分を占める地域だ。アジア太平洋地域は、アメリカ人に雇用と機会を与えるという私の最大の政治目標達成のためにも極めて重要だ。世界の核保有国のほとんどが集まり、世界人口の半分を擁するアジアは、紛争なのか協調なのか、今世紀の行方を大きく決定してゆくだろう。

第一に、アメリカは平和と繁栄の基礎である安全保障を求める。日本と朝鮮半島における強力なプレゼンスを維持し、東南アジアでもこれを高め、より広い範囲に展開する。

オバマさんははっきりと、アジア太平洋地域に「長期的」に関わっていくんだ、と言っていました。それと安全保障の観点からも、「日本と朝鮮半島における強力なプレゼンスを維持するんだ」と宣言していました。アメリカの政治においては大統領が替わることによって、国の方針が変わることはよくあることです。しかし、外交安全保障というものは、相手国のあることですのでそれまでの経緯というものが重視されるし、客観的な国際情勢というものがベースになっているので、それなりに合理性のある外交安全保障の方針は、

180度ひっくり返るようなことはまずありません。

アメリカがアジアを重視しなければならないというこの考えじたいは、オバマさんの後のトランプさんも持っていることでしょう。ただトランプさんの場合には、アジアを重視しつつも、アメリカの利益を第一に考えて、アメリカの利益に沿うかたちで経済ルールを再構築し、同盟国には安全保障上の応分の負担を求めるというところが特徴です。トランプさんが強硬に主張するのもそこまでであって、日米安全保障条約を破棄するというようなことはありえませんね。

21世紀に入ってからのアメリカの10年間というのは、「10年戦争」と呼んでもいいような戦争の時代にありました。2001年（平成13年）9月11日に起きたアメリカ本土での「同時多発テロ事件」をきっかけに、アメリカはアルカーイダとの戦いをアフガニスタンで展開し、2003年（平成15年）にはイラク戦争に踏み切っています。その中東での戦争の代償として、アメリカは多くの若い兵士の命と多額のお金を失っています。

それだけやっても、中東の治安は一向に回復しない。アメリカ本土に対するテロ首謀者とされる「ウサーマ・ビン・ラーディン」を殺害することに成功し、アメリカはテロに対する報復を一応果たした。そしてその後の中東関与の目的は、イラクの石油利権の話はよく持ち上がりますが、基本的には中東を民主化することであって、ある意味、価値観的なものです。

中国を牽制するトランプ大統領の政治的アクション

他方、アジア太平洋は、自由貿易ルートの要衝で、これからの経済成長の要でもあるし、何よりも中国、ロシアとの覇権争いのホットスポットでもあります。アメリカは中東の民主化という価値観的なものよりも、より具体的な利益を獲得する方を重視するようになり、大統領が誰であってもアジア太平洋というのが、非常に重要な地域となっているのです。ところでＴＰＰに加入しようという国は、オーストラリアや東南アジア諸国、ラテンアメリカの国々で、当然ながら、ここに中国は入っていませんね。

アメリカが先頭となって本格化していったグローバリズムの中で、急激な経済成長を遂げ、台頭してきたのが中国です。２０１０年には日本を抜いて、アメリカに次ぐＧＤＰ世界2位の国になるまでのぼりつめたのです。ソ連がなくなったかわりに、今度は中国が台頭してきました。共産党による国家体制を存続させながら市場経済の繁栄を目指すという中国型の資本主義を進め、一定の成果が出始めています。最高指導者の地位にのぼりつめた習近平という人は権力を巧みに使う。政治的な腐敗を許さぬというスローガンを前面に出しながら、政敵を追い落とし、自らの権力基盤を固めてきました。かつての毛沢東のように崇拝化されるような現象も起きています。

アメリカと中国が本気で武力行使による一騎打ちの戦争をすることはないと思いますけど、トランプさんは、武力行使を伴わないかたちで中国にギリギリの勝負を挑むことは間違いないでしょう。まさにアメリカと中国との覇権争いです。当初、トランプさんが中国にしかけた関税率を引き上げる貿易戦争は、自由貿易を害するものとして経済学的視点から猛批判を浴びました。しかし彼は、当初から意図していたかどうかは別として、そんな小さな視点で見ていません。昔なら武力行使によって世界大戦になっていたようなことを、武力以外のあらゆる手段を使って中国と戦争をしているわけです。

「保護主義的な通商政策をとるトランプは無知だ」と最初はトランプをバカにしていた自称インテリたちも、トランプ政権がやっていることの全貌が見えるにつれて、自分たちが予想だにしなかったことをトランプがやろうとしていることに気づき、驚愕し始めています。もちろん、トランプの意図をまったく読めない学者バカは、相変わらず保護貿易反対！　と叫んでいますけども。

学者程度にすべての意図を把握されるような政治家は、政治家としては失格なんですね。国家を引っ張っていくような政治家は、学者では思いもつかないような大きな発想をしなければならない。その大胆な発想、大きな方針の中で、具体策を考えるのが学者などのインテリです。

トランプは中国との覇権争いに本気で勝とうと思っている。さらにトランプは自由貿易システムであるWTOがまったく機能していないことを見過ごさず、その改革を迫っています。国連が機能していないことも見過ごさない。これまでの世界の政治指導者が、誰も手をつけなかった国際政治システムの問題点を、彼なりの手法であぶり出しにかかっていると言えます。

僕も政治家のときには、このような手法をよくとりました。大きな政治改革を進めるためには、まずは大きく強烈な問題提起をしなければならない。ここのスタートが肝心で、インテリたちのようなかっこつけた物言いではまったくダメなんです。最初の衝撃の力が、改革の成否を決める。関西国際空港の改革を迫るために伊丹空港の廃港を叫び、国直轄事業負担金の改革のために、負担金支払い拒否を叫ぶ。改革のための議論をしなければならないよね、という状況を、大阪から声を上げて東京の政治の舞台に作り出すのはほんと大変なんですよ。

僕がやってきたのは日本の中のローカルな政治レベルですが、トランプはそれを世界規模でやっている。誰も知らん顔をしていた中国問題や多国間協議システム、国際政治システムの問題点に真正面から斬りこみ改革に挑んでいるんだと、政治家の経験のある僕は感じます。結論はどうなるかは分かりませんが、政治家はとにかく事態を動かすことが仕事。何もアクションを起こさなければ何も変化は起こりません。まずはアクションです。

事態が動き、議論が始まれば、あとは専門家などのインテリたちが具体策を考えて行けばいい。専門家などのインテリは、事態を動かすことは絶対にできません。

トランプの中国に対する厳しい姿勢は、貿易戦争にとどまらず、中国からのアメリカへの投資規制、中国からのアメリカへの通信機器の輸出規制、アメリカから中国への先端技術や原子力機器の輸出規制、中国の軍事部門関係者への制裁、中国スパイの検挙などなど、武力行使以外の全面戦争の様相を呈している。

歴代のアメリカ大統領や連邦議会、特に共和党は中国に対して厳しい姿勢を口にはしてきましたが、しかしトランプほど行動を起こした者はいない。トランプは、口にしたことを行動に移している。そして中国に対する厳しい姿勢は、トランプが大統領選挙で公約に掲げていたことです。彼は有権者に約束したことを忠実に実行しているのです。それがいいのか、悪いのかは最後はアメリカ国民の判断です。

このようなアメリカと中国の覇権争いを見れば、最初にお見せした地政学的地図も、いまは米ソの冷戦、米ソの覇権争いは終わったけれど、米中の覇権争いを中心にいまだに有効なものなんですね。中国独自の資本主義経済の発展も見すごせないし、軍事的増強の動きからも目を離せない。

ゆえに、中国勢力とアメリカ勢力がぶつかり合う最前線であるアジア太平洋地域というのは、アメリカにとって、経済的視点からも軍事防衛的・安全保障的視点からも重要な一帯であり続けるわけです。

国際政治の要衝としての沖縄

日本にとって厄介な北朝鮮という国も核保有国になりつつあります。日々、核兵器開発に邁進し、アメリカに核保有国であることを認めさせようとしている。アメリカ本土を射程に収めた大陸間弾道ミサイル（ＩＣＢＭ）を開発していることについて、アメリカは警戒レベルを上げています。トランプさんは、北朝鮮に圧力をかけて非核化を達成しようとしていますが、このような北朝鮮情勢にあっては、沖縄問題が解決に向かうというよりも、むしろ沖縄の米軍基地の必要性が強調されてしまうでしょう。

そもそも朝鮮戦争は、いまだ平和条約が締結されていない休戦状態であるわけですし、実験で日本海などにミサイル発射を繰り返す北朝鮮は日本にとって非常な脅威であるのです。このように不穏な動きを続ける北朝鮮に対し、沖縄の米軍基地での訓練も当然活発化しますね。後で話しますが、鳩山由紀夫前首相が、普天間基地の県外移設を言い出したときに、結局撤回することに追い込まれたのも、北朝鮮の動きが大きかったといわれています。北朝鮮の脅威の存在は、沖縄が東アジアにおける米軍の要衝であり続ける大きな理由のひとつでしょう。

したがって、米軍にとっての（ということは、日本にとってもですが）沖縄の軍事的役割はさらに増すでしょう。また、これから大きな問題となってくるのは、先ほども述べた中国の動きでしょう。中国は「対米防衛ライン」として、中国大陸から「第一次列島線」

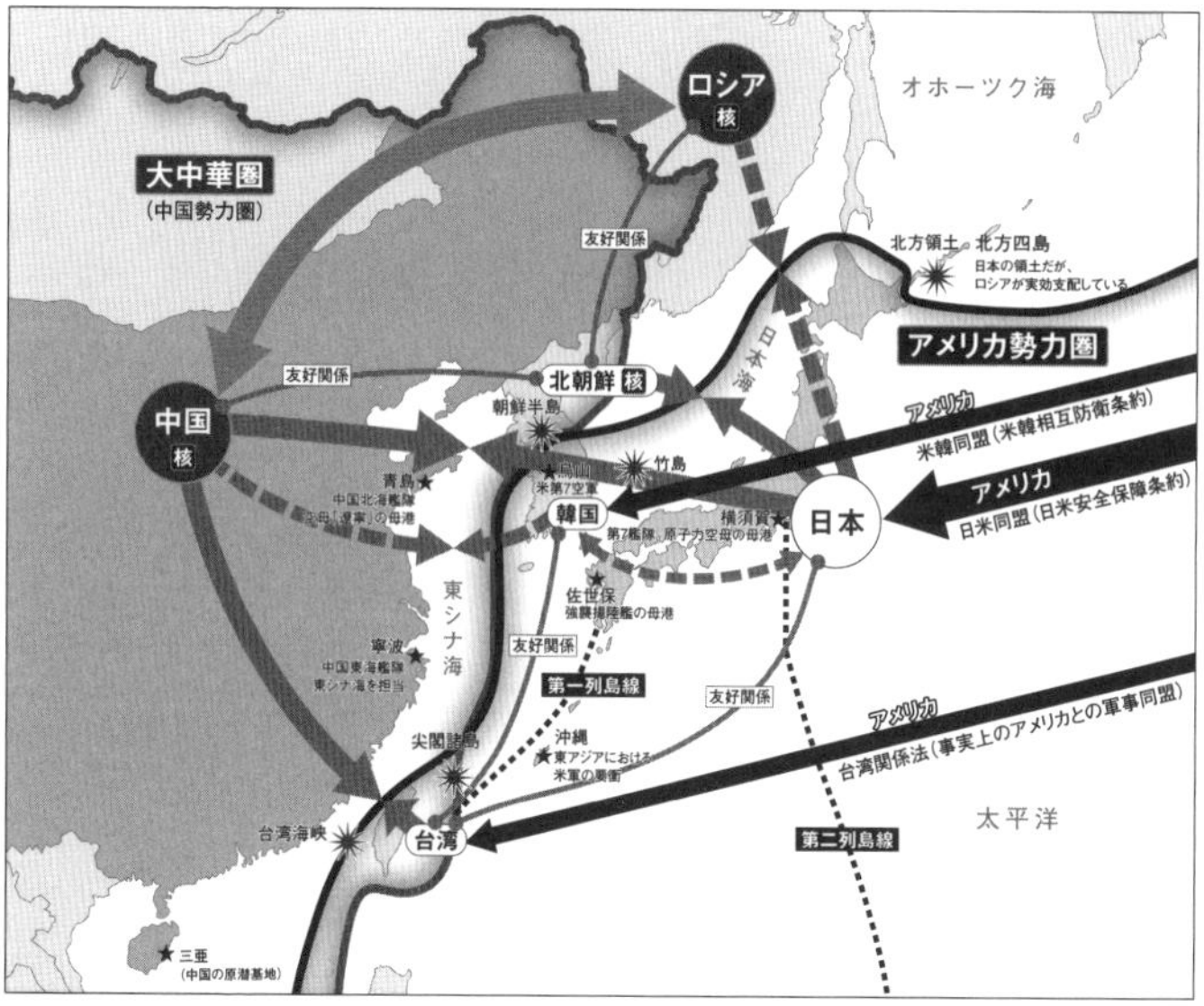

中国の対米防衛ライン

「第二次列島線」と呼ばれる軍事ラインを太平洋側に確保していこうとしているからです。次の地政学地図を見てみてください。

中国は「対米防衛ライン」として、日本の九州から沖縄、台湾、フィリピン、カリマンタン島（ボルネオ島）を結ぶラインを第一列島線としています。第二列島線は、伊豆諸島から小笠原諸島、マリアナ諸島、グアム島、パラオ諸島を結ぶラインです。第一列島線は当初2010年までに中国がその内の制海権を確保するという計画で、次に2020年までに第二列島線内までそれを拡げるという計画で、着実に実行しています。これはとんでもない話なんですけど、歴史的には1947年（昭和22年）の蒋介石率いる国民党政権下の中華民国が、11段線というものを地図上に引いて、南シナ海領有を主張したところから続いている話です。1953年（昭和28年）に中華人民共和国が9本の線の9段線に書き換えて、ここは中国の歴史的な水域なんだと勝手なことを言い始めて、いまにいたっている。中国軍が太平洋に進出を広げていこうとしている動きは本物で、東シナ海、フィリピン海、インド洋、南シナ海など、西太平洋の制海権、制空権を拡張保有しようとしています。これは太平洋の覇権を、東はアメリカが握り、西は中国が握るというように二分割にする構想です。もちろん日本やアメリカはそれを認めませんし、食い止めなければなりません。

次ページの地図を見てください。

中国海軍や空軍が太平洋にすっと出ようとしたら、沖縄の近くを通って出て行かざるをえないんですね。逆に言えば、沖縄の在り方によっては、中国海軍・空軍の太平洋進出を食い止めることができる。つまり日本にとってはもちろんのこと、太平洋の覇権を争っている中国にとっても、アメリカにとっても沖縄は超重要ポイント地域なんです。

沖縄はオバマさんが言っていたアジア太平洋地域でアメリカの軍事プレゼンスの拠点で

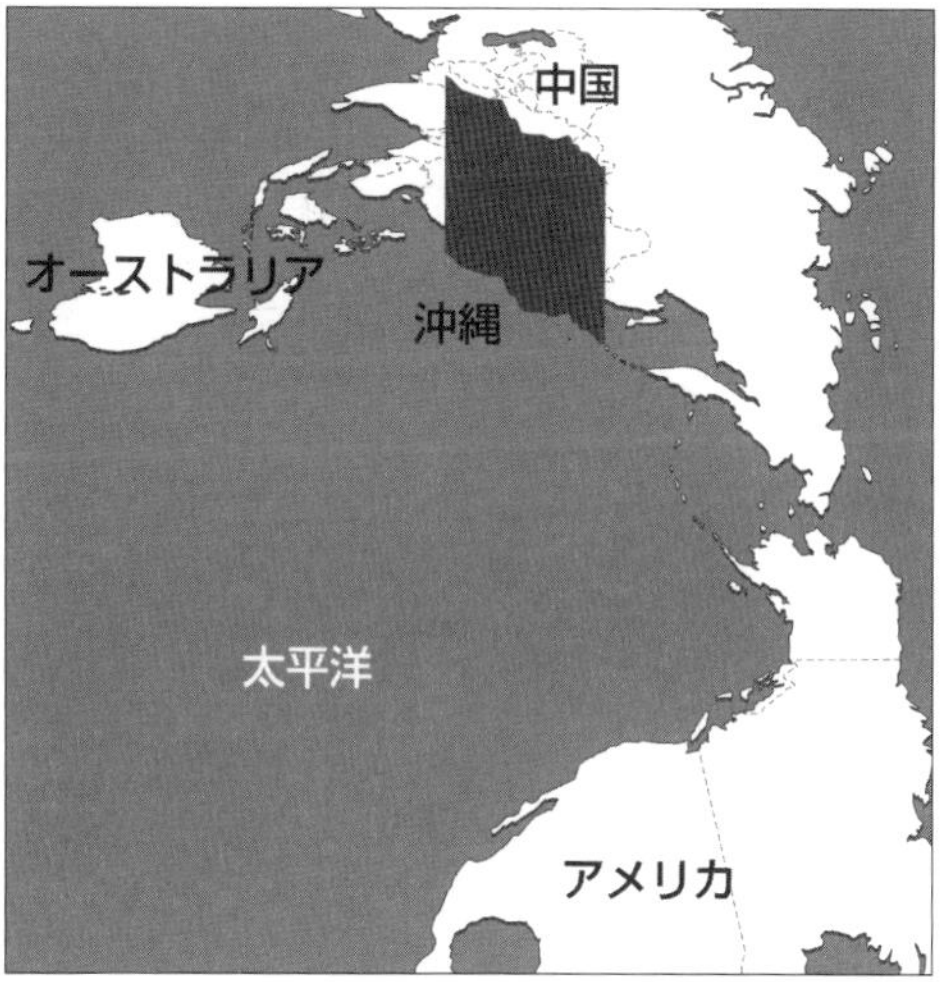

中国からみた沖縄（上）とアメリカからみた沖縄（下）の位置

あり、そのことはトランプさんも引き継いでいます。そして近年、中国による日本の領海、領域侵入が著しい尖閣諸島も同じです。尖閣諸島は、中国海軍・空軍が太平洋に進出するルートにも近いし、何よりも第一列島線内の制海権・制空権を守る拠点です。中国にとって台湾問題についてアメリカに口を出されることは、国の主権にかかわることであり、中国の国家指導者の権威を最も失墜させることです。台湾独立の動きをけん制するために行った中国のミサイル発射実験などに対して、かつてアメリカは台湾海峡に航空母艦群を派遣しました。1995年（平成7年）から1996年（平成8年）にかけてのいわゆる台湾海峡危機です。これに対して、中国軍は手も足も出なかった。中国にとっては最大の屈辱でした。このようなことを二度と避けるためにも、中国は第一列島線内の制海権・制空権を死守し、そのためには台湾のすぐ近くにある尖閣諸島付近の海域・空域の制海権・制空権を死守する必要があります。もちろん日本やアメリカはそのようなことを認めません。ゆえに、尖閣諸島も中国とアメリカの覇権争いの衝突地点になるのですが、ここは沖縄本島とは少し事情が異なってきます。

というのも尖閣諸島は無人島の小さな島であり、この島を守るために米軍はどこまで血を流す覚悟があるのかという点は疑問です。アメリカにとっては沖縄さえ死守できれば問題はないと考えている節があります。

このようなことが背景にあるのか、アメリカは尖閣諸島が日本の領土であることをはっきり認めているわけではないんです。かといって、中国の領土とも認めていない。尖閣諸島の領土問題には関わりたくないというのがアメリカの本音でしょう。そして、日米安保条約の第５条にはこう書いてあります。

各締約国は、日本国の施政の下にある領域における、いずれか一方に対する武力攻撃が、自国の平和及び安全を危うくするものであることを認め、自国の憲法上の規定及び手続きに従って共通の危険に対処するように行動することを宣言する。

これまでアメリカは、尖閣諸島が日本の施政下にある、すなわち実効支配していることまでは認めてくれていましたが、日米安保条約の対象として、尖閣諸島を守るためにいざというときには米軍が血を流すことまでは明言してくれていませんでした。トランプさんが大統領になって、尖閣諸島も日米安保条約の対象であることをはっきり明言してくれるようになったんです。

このように尖閣諸島に関してのアメリカの防衛意思は、誰が大統領になっているか、その時々で変化してしまうような不安定なものです。ゆえに、まずは日本自身が自衛隊によって尖閣諸島をしっかり守る意思と能力を持つことが絶対不可欠であり、そのためにはやはり沖縄が重要な拠点となるわけです。

いずれにせよ、こうして地政学的な視点で見ると、沖縄は日本にとってはもちろんのこと、アメリカにとっても中国にとっても非常に重要な価値があるんです。さらに、アメリカの勢力圏の恩恵を受ける韓国にとっても重要な価値がありますし、逆に言えば、中国の勢力に類似するロシアにとっても重要な価値がある。北朝鮮にとっても、アメリカから牽制を受ける拠点であるという意味で、非常に関心の高い島である。このように沖縄は世界各国にとって非常に重要な価値があるんです。

ゆえに沖縄は、自らの価値を最大限に利用することによって、本土とのケンカに勝てる見込みが十二分にある。日本やアメリカは沖縄を失いたくないし、中国は沖縄が欲しい。日本政府や本土の国会議員、さらには本土の日本国民が沖縄問題を自分事のように解決する意思がないのであれば、沖縄県知事や沖縄の政治家は、この沖縄の立場を巧みに活用して日本政府や本土の国会議員そして本土の国民に政治的な揺さぶりをかけ、沖縄問題を解決していくしかない。その知恵と行動方法をこれから論じていきます。

第3章

沖縄ビジョンX

1996年国際都市形成構想のブラッシュアップ

経済活性化こそ地域活性化の道

ここから「沖縄が発展していくためにどうしたらよいか」を話していきます。沖縄の発展と口で言うのは簡単ですが、それを実行しようとするとほんと大変です。沖縄県知事や沖縄県庁、または日本政府が旗をちょっと振っただけで、沖縄という特定の地域が活性化するなんていう、そんな甘い話はありません。

しかし行政がしっかりと方針を立てて、法律をいじり、税制などの法制度も大胆に変えて、それなりのカネを投じれば、活性化に向けての大きな歯車が回り出すことは確かです。ゆえに沖縄県知事や沖縄県庁などの行政の力に頼り切ることはよくありませんが、それでも知事や県庁の行政の進め方は重要です。

結局、地域の活性化とは経済の活性化です。そして経済の活性化とは、人・モノ・カネ・情報が流動することです。流動することで熱を発し、活性化のエネルギーを生むのです。つまり行政が沖縄県内で人・モノ・カネ・情報が動き回る環境を整えて、あとは民間にそれらを流動させてもらうということが基本方針になります。では人・モノ・カネ・情報が流動する環境を、行政である沖縄県知事や沖縄県庁がどのように整えていくべきか。ちなみにこのような経済活性化基本方針や行政の進め方は沖縄県だけの話ではなく、日本全国で応用できる話です。抽象論ではなく具体的に話していきましょう。

外部有識者のアイデアはそのままでは役に立たない

政府でも都道府県でも市町村でも、経済活性化プラン、成長戦略なるものがよく作られますが、ダメな典型例は、その作成を役所組織の各部門に丸投げしてしまうことです。確かに日本の公務員・役人は超優秀です。そして役人個々人がチームを形成すると、1＋1＝10くらいの力を発揮する。単純に人数分を合わせた力ではなく、掛け算になるんですよね。組織の力はほんとすごいですね。

日本の法制度は複雑にできていますから、実際に何かをしようとすれば、既存の膨大な法令や制度との整合性を確認していかなければなりません。これは役人にしかできない仕事ですね。

　また役人はよく勉強しています。勉強している役人が数人集まるとてつもない力を発揮します。特に彼ら彼女らは、方針がある程度見えてくると、その範囲で実行可能なプランを作るのが本当に得意です。

　しかしだからと言って、役人に丸投げすると、これまでの役所のやり方、慣行に縛られた案しか出てこないんです。これはある意味仕方がないことです。役人個人や複数人の役人チームは、どれだけ優秀であっても、役所内で膨大な調整を踏み、議会の同意も得た上で決めてやってきたことを一気に変える力は持ち合わせていないのです。

　そこで外部有識者の活用ということがよく言われます。ところが、この外部有識者の意見や提言というものも、ほとんどのものは使い物にならないことが多いです。彼ら彼女らは新聞やテレビでいろいろな意見、提言をしてはいますが、それらは言いっ放しのアイデア、実現不可能な戯れごとの類いが多いんですね。政治行政の世界では多数存在する政治的な利害関係者との調整も必要不可欠で、そのような政治力学を分かっていない学者や識者は、実現不可能なことばかりを言いがちです。

　僕が知事、市長だった時には、大量の外部有識者を役所に招きましたが、主に大学で学生を相手にしてきた学者の人たちはほとんど使い物になりませんでした。コメントはいくらでも出てくるのですが、いざそれを実行してみてよという段になると、誰にどのようなかたちで指示を出して、何を検討しながらどこを調整しなければならないのか、外部有識者はまったくちんぷんかんぷんであることが分かってきます。そもそも数名の役人を集めて指示を出すことすらできない有り様です。そういう人たちは自然と役所から去って、元いた大学へすごすご戻っていきました。

役所の中でガンガン活躍する外部有識者の多くは、役所や民間企業で組織を実際に動かして実務をこなしてきた経験が豊富な人たちです。ただしこのような人たちも、「政治」については無理解でした。ですから、外部有識者を役所の中に入れるのはなかなか大変なことなんです。議員だけでなく、役人もとにかく嫌がります。外部有識者は、そもそも役所のことをバカにしている人が多い。だから役人に対して横柄になる人が多いんですよね。そのくせ、現実の法制度や組織の動かし方、さらには政治というものをまったく分かっていなかったりする。

学者や識者たちは、メディアなどで役所のやっていることにいろいろと意見を言っていますが、役所内ではそれはほぼ検討済みということが圧倒的に多いんです。役人は優秀でよく勉強をしていますから、学者や識者が言うことなどはすでに十分把握しています。それらについて検討、議論は済ませて、実現可能なプランまではすでに作っている。けれども、議会が反対していたり、利害関係者が反対しているといった政治的理由でその先へと進められないことが多いんですよね。それなのに外部有識者は偉そうに、役所が分かりきっていることについて講釈を垂れる。また議会というものを分かっていないので、外部有識者は自分に政治力がないのに議員とやり合っちゃうんですよ。コメンテーターとして役所や議会の外側から、役所や議会を批判するのは容易なことだし、コメンテーターならそのような批判をするだけで仕事が成り立つので、その調子でやっちゃうんですよね。

役所を動かして実際に実行しようと思えば、役人を動かす力がまず必要だし、議員に賛成してもらう政治力も必要になってくる。そのような力を持っている外部有識者はごくわずかしかいません。だから尻ぬぐいは全部、僕がやらなければなりませんでした。

オンリーワンとなる「ビジョンX」の作り方

現行の法制度などを無視する意見を外部有識者が言ってきたときには、現行の法制度と整合させるためにはどうすればいいか、莫大な時間をかけて役人と知恵を絞りました。役所の言い分と真っ向から対立するときには、外部有識者と役人に議論をさせて、僕はそこに3、4時間も立ち会って、最終的な方針を決断しました。議会から外部有識者を排除する動きに対しては、政治的に押し返してもいきました。僕は一度任命した外部有識者の特別顧問について、議会からの圧力で解任したことは一度もありません。こういう僕の苦労を、外部有識者の人はほとんど知らないんですよね（笑）。

東京都知事の小池百合子さんは、都政において外部有識者である特別顧問を重用すると宣言し、実際にそうしようと努めました。しかし、大きな成果はほとんど出なかった。築地市場移転問題では、環境省出身の小島敏郎特別顧問が、築地市場の現地再整備案を打ち出しましたが、最終的には当初案の豊洲移転に落ち着きましたよね。移転は当初予定より約2年遅れ、築地跡地に通す幹線道路の整備はオリンピック開催までに間に合わなくなってしまいました。築地跡地の開発も迷走しています。さらに、オリンピック施設を巡っては、外部有識者が競技会場の変更を提案し、それを受けて都庁組織が実現性を検討しましたが、結局外部有識者の案はどれも使えぬまま、当初の計画に戻ってしまった。そして最終的には都議会の政治的圧力をもって、東京都の特別顧問は全員、都庁から追放されてしまいました。

外部有識者に知恵を借りることじたいは、けっして悪いことではありません。これまでの役所組織の常識や慣行を前提としない意見・アイデアは外部有識者の力によってしか生まれてこないものです。この点では、役人の力にも限界があります。しかし外部有識者の意見を絶対的なものと過信し、行政組織の意見を無視するかたちで重用してしまうと、実際には使い物にならない意見・提案が連発されるということが起こる。そしてそれらについて検討を繰り返した挙げ句、結局行政組織の当初案に戻るということになりがちで、それは時間の浪費にしかなりません。

外部有識者と役人には役割分担があるんです。外部有識者からの意見や提案を行政組織にぶつけ、行政組織内で徹底的に揉んでもらう。その過程で、外部有識者の提言を実行する上での問題点、課題が必ず見えてきます。そしてその問題点、課題を解決するための方策を徹底的に考え抜くのです。

このような検討、議論、考察は、外部有識者と行政組織を交えた議論の場で行うことになりますが、この場合には仕切り役として知事・市長という組織のトップが同席しないと、両者が決裂するか、外部有識者の案が役人に骨抜きにされてしまうということが多くなります。外部有識者は行政組織に骨を埋める立場ではないため、行政組織を絶対にまとめるんだ！　という気迫と覚悟に欠けるし、役人は役人で、外部有識者を上司だとは思っていないので、なんでもかんでも従う意思は持っておりません。ゆえに外部有識者と役人の議論に行政のトップが直接立会い、その議論の様子をしっかりと見定め、議論、考察が熟したならば、最後は行政のトップが決断して方針を決めるしかありません。そこまで役所内で徹底した議論が行われていれば、知事、市長、外部有識者の単なる思いつきにとどまるものではないですから、どのような決断を下しても十分に実行可能なものとなります。

このように、外部有識者の意見はそっくりそのままでは使えない物が多いわけですが、それを使える物へと作り変えていくことこそ、知事・市長などの役所トップの手腕、力量です。知事、市長は外部有識者の力をうまく活用しながら、これまでの役所のやり方や発想とは異なる大胆な案を作っていかなければならないのです。

沖縄だけでなく全国の自治体にも、さらには政府にもさまざまな地域活性化プラン、成長戦略などがあるでしょうが、それら通常の行政プランが現在うまく機能しているかと言えば、そうではないでしょう。行政プランがうまく機能しているのであれば、とっくに沖縄問題は解決し、沖縄は活性化しているはずでしょうから。

そこで地域を本当に活性化させる行政プランのことを、通常の行政プランと区別して、ビジョンXと呼びます。この呼び名は僕が適当につけたものなので、名称じたいに別段意味はありません（笑）。とにかく通常の行政プランとは異なる、真の地域活性化プランという意味で、ちょっと仰々しくビジョンXと言わせてください。

ではこのビジョンXをどのように作っていくのか。

まず現在、その地域が衰退しているということは、これまでやってきたやり方が間違っていたという認識に立つことが大原則です。役所や議会は、自分たちのやってきたことを否定することはプライドが許さないでしょう。ですから、これまでやってきたことを前提に「改善策」を講じることに躍起となりがちです。

しかし「改善策」は所詮、これまでの延長的な発想から抜け出るものではない。反転攻勢をしかけるには、まずはこれまでのやり方の否定（時には全否定する必要もでてきます）と、これまでやってきたやり方とは異なるアプローチを模索することが出発点になります。繰り返しますが、このような方針の大転換は、知事、市長などのトップにしかできないことです。役人にはできません。そして大転換した方針の中で具体策を練り上げるのが役人の役割です。この役割分担こそが重要です。

ゆえに知事、市長のトップは、外部有識者の力を借りながら、これまでやってきたやり方と異なるやり方の方針を示す。そしてその方針の下で、役人たちが具体案を練り上げていく。これがビジョンXの作り方の基本です。「これまでやってきたやり方とは異なるやり方」というところがポイントです。この方針転換ができるかどうか、ここが知事、市長の腕の見せどころですね。

さらにビジョンXは大胆なもの、他者がやらないもの、自分たちの特徴を他と頭100個分くらい抜きんでるくらい押し出したもの、すなわち世界でナンバーワン、オンリーワンと言えるようなものでなければなりません。ここがビジョンXのXたる所以です。

大阪ビジョンX——「中継都市」と「付加価値都市」の二大柱

2008年に僕が大阪府知事に就任し、大阪の違法すれすれ、いや違法と言ってもよい放漫な財政運営を正しながら、大阪の将来ビジョンの作成に取りかかりました。まさにビジョンXの作成です。高度成長時代が終わり、大阪の衰退は著しい状態でした。かつては日本の中の第二の都市と位置づけられ、東京と張り合っていた時代もあった。その頃は東京と大阪の二つのエンジンで、日本を推進していたといっても過言ではないでしょう。ところが近年、大阪は完全にいちローカル都市に落ちこんでしまい、復活の兆しが全く見えなくなってしまった。

大阪府庁も総合計画というものを持っていましたが、いかにも役人が作った文書の束で、その総合計画を読んでも、じゃあ大阪の方針は何なのかということを一言で言い表せるものではありませんでした。役所の各部署が役人言葉で書いた政策をそのまま一冊の本に束ねたようなものです。これだと、通常の行政プランなんですね。ビジョンXは、何百ページにわたる紙の束であっても、これが言わんとしている方針は○○だ！　と一言で言い表せるものであることが最大の特徴であり、条件なんです。そのような意味で大阪府の総合計画はビジョンXではありませんでした。

僕は外部有識者の力を借りながら、大阪府の総合計画を批判的に分析しました。そうすると何となく見えてきたのが、大阪府総合計画で言わんとする地域活性化は、大阪府内において府民人口や企業をどんどん増やしていくことと、これまで蓄積してきた中小企業の技術を「支援する」ということが主たるものだと感じられました。大阪府総合計画は、総花的にすべてをまんべんなく採り入れているもので、これといった特徴が見えてこないことも特徴でした（笑）。全国の行政プランも似たり寄ったりだと思います。

僕は逆張りでいきました。この大阪総合計画で大阪は衰退していったわけだから、まずはこの総合計画の否定から入ったのです。そしてもうこんな総合計画を作るのは止めようよ、と始めた。総合計画は役所の各部署が大阪の課題をそれぞれ評論しているだけなんです。課題解決のために何をやらなければならないのかという具体的目標を設定し、そのプロセスをきっちりと詰めたものではない。まあ評論家の評論本みたいなものだったんです。総合計画を担当していた幹部役人はもちろん猛反発していましたね。この総合計画というものは役所組織の中の中枢である政策企画部が担当していました。この政策企画部は財務部と並んで組織内の優秀な役人が集まり、ある種の花形部門です。この政策企画部の大きな仕事の一つが、大阪総合計画の作成です。相当、時間を割いて作っていたようです。しかしこの総合計画を基に大阪府庁という組織が動いているということはないんです。あくまでも評論本の域を出ない。ですからプラン（PLAN）→ドゥ（DO）→チェック（CHECK）→アクション（ACTION）というPDCAサイクルも回っていません。このような計画作成に莫大な労力を割くぐらいだったら、この巨大な大阪府庁を動かす原動力になるものを作ろうよ、と大号令をかけたんです。そして大阪総合計画から読み取れる、大阪内におけるイケイケどんどんな人口増、企業増構想や、これまでと同じ中小技術支援とは違う方向性で行こうよ、と。

そこで僕が打ち出したのが「中継都市」と「付加価値都市」という二つの柱でした。僕が大号令をかけたのは、この2つだけです。しかしこの2つを打ち出すために、時間をかけて考えに考え抜いたのです。僕の役割は何か。役人の役割は何か。僕の役割は、約1万人の大阪府庁職員の道しるべ役です。具体的な中身については、役人の方に知恵がありますから、僕が思いつきで制度を作ったところで無意味です。

当初の総合計画では府内の人口増を目指していましたけど、いまや少子高齢化時代が進み、もはや産めよ増やせよの時代ではありませんね。既存のやり方、見方を大きく変えないと、ビジョンXは出てきません。

僕はこう考えたのです。世界の歴史を振り返ってみても、繁栄した都市国家というものは、人・モノ・カネを通過させる「中継都市」なんです。世界から人・モノ・カネを集めて近隣へと輩出していく。そして近隣から人・モノ・カネを集めて世界へと輩出していく。

このようにして、人・モノ・カネが通過する都市は繁栄していくのです。これからの大阪はそのような「中継都市」を目指していくべきである、と。これを一つの柱にすることにしました。

そしてもう一つの柱ですが、これまでの中小企業技術はもちろん大切にしながらも、単純にそれを支援するだけでは大阪の発展はないだろう。これまでの技術を大切にしながら、付加価値を生み出すことを目標にしていく。大阪の技術を守るだけではなく、それをどのような道に活用していくのかという方向性にこだわろう、すなわち付加価値にこだわる都市「付加価値都市」を目指そうと。

これまでの大阪総合計画の方針の大転換です。

この二つの柱は、僕しか打ち出せなかったでしょう。ある意味、総合計画の否定であり、これは政策企画部以外の府庁職員は絶対に言い出せません。副知事でもそうです。政策企画部に配慮してしまうわけです。そして政策企画部自身も、自分たちの否定ともとれる総合計画の否定にはなかなかウンとは言えません。

僕は政策企画部の幹部たちと議論し、それでもなかなか政策企画部が納得しなかったものですから、ここは人事権の行使です。政策企画部長を交代させるにいたっています。僕の考えを実行してくれる人材に替えたわけです。

新政策企画部長は、この中継都市と付加価値都市という二つの柱に賛同してくれ、それを実行するという気概を示してくれました。そうなればあとは自動運転状態です。この二つの柱を基に、役人や専門家との議論を交え、五つの具体的な柱を設定し、その下には24のアジェンダが設定されました。さらにその下に無数のプランと工程表がぶら下がってきました。ここまで勢いが出てくると、大阪府庁の各部署がそれぞれフル稼働して知恵を絞り始めます。

これに加え、僕は数値目標と具体的な納期・スケジュールを設定するように指示をしました。納期・スケジュールは最終納期だけでなく、細かく中間納期を設定することも指示しました。この段階でも役人側は反発してきました。何を数値化すればいいのかが分からない、役所だけで数値を達成することは難しい、納期は役所以外のプレイヤーの事情に左右される、といったできない理由をこれでもかと並べ立ててきましたが、僕は数値目標と納期設定は譲らず、決定事項としました。

この目標の数値化を導入したからこそ、後にこの成長戦略の進捗状況を確認する推進会議において、きっちりとチェックすることができるようになり、納期を意識して仕事をするようになりました。PDCAサイクルが回るとはまさにこのことですね。

大阪府・市の一体化こそ「ビジョンX」成功の鍵となる

僕が2011年に大阪市長に転じた後に、大阪市役所と松井一郎大阪府知事率いる大阪府庁との合同で大阪の成長戦略を一本化することに成功しました。次のページに大阪府・市一体化による大阪ビジョンXの改革項目の表を掲載しましたので、見てみてください。それまでは大阪府庁と大阪市役所がバラバラでこのような計画を作っていたんです。

こうしてこれまでの行政計画とは異なる、ビジョンXとしての大阪の成長戦略が誕生したのです。

ビジョンXはこれまでのやり方を変えることと、実現のための具体的な工程表を作ることに重きを置きました。さらに各個別項目については、他を圧倒するような差別化にこだわりました。

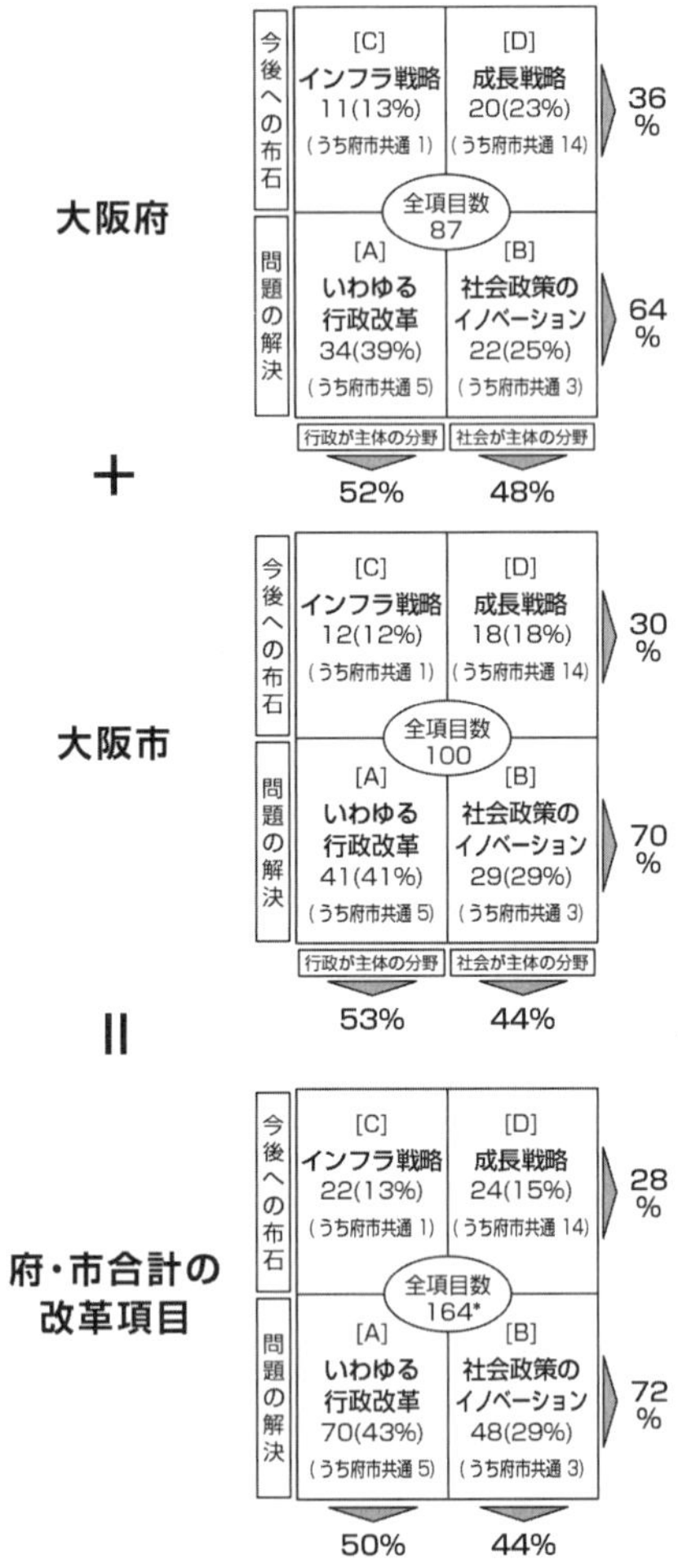

＊府と市の共通項目(連携事業等)については、合計表では1件とカウントした(そのため合計数は合わない)

大阪府・市一体化による大阪ビジョンXの改革項目

2025年大阪万博開催決定は、まさに大阪ビジョンXの実行の賜物

2018年11月に、2025年の大阪万博開催が正式に決定しましたね。大阪が見事、勝ち獲ったのです！　万博会場予定地の埋めた立て地である夢洲《ゆめしま》には、カジノを含む統合型リゾート（IR）を誘致する計画も同時並行で進んでいます。

これは大阪ビジョンXで示された「中継都市」という方向性から生まれてきたプランです。「中継都市」という柱から、大阪エンターテイメント都市構想というものが導き出され、IRの誘致や万博の誘致などが具体策として盛り込まれていました。しかし当時は、府庁職員、市役所職員の多くは本気にしていなかったですね。

でもそれでいいんです。大きな方向性の中で、具体的なプランの中身を考えるのは役人の仕事ですが、そのプランを実行していくのは政治家の仕事。大阪ビジョンXでしっかりしたプランを作り、そしてそれを松井知事や吉村洋文市長、そして維新の会という政治グループが政治的に実行した。ビジョンXの画に描いたような模範的な実行例です。

このようにビジョンXをしっかり作り、それを実行すれば、その地域の未来が開けるんです。

万博会場兼ＩＲ誘致予定地は、６０００億円とも言われる税金を突っ込んで大失敗し、そのまま放置されている埋め立て地でした。その周辺の埋め立て地も含めて、大阪市は未来都市構想を描いたものの失敗。その後、オリンピック招致にも失敗。失敗続きで完全なる負の遺産と化していたわけですが、今回の万博決定によって、それが宝の土地に蘇るチャンスを獲得したわけです。

僕が大阪府知事に出馬した２００８年頃の大阪は完全にダメダメモードでした。府民も負け癖がついているというか、大阪は何をやってもダメだろうという雰囲気でした。それが徐々に上向き加減になったところで、「万博開催」という明確な希望的目標ができたんです。これからの大阪は２０２５年に向けて完全にトップギアに入りました。うちの子供ですらワクワクすると言っています。東京オリンピック開催決定もそうですけど、街を活性化させるには、このようなワクワク感が最も重要なんですね。自称インテリたちが言う小難しい話ではなく、そこに住んでいる人たちの前向きな気持ちこそが街の活性化の原動力ですから。

大阪万博の成功要因は、やはり「大阪都構想」

今回の大阪万博決定の最大の成功要因は、やはり大阪都構想の思想だったと断言できます。実際、大阪都構想は2015年5月の住民投票で否決されたものの、やはり大阪都構想を実現することこそが、大阪において必要不可欠であることがはっきりしたと言えます。万博という超ビッグプロジェクトを動かすには、その巨大な歯車を動かす最初のひと押しが重要ですし、ものすごく大変なことです。日本政府や与党自民党、そして経済界が一丸となって動き出したのは、歯車が動き出して勢いがつき始めてからのことですね。

勢いがまだついていない巨大な歯車を動かそうと思えば、まずは地元大阪において万博誘致方針を固めなければなりません。そして誘致方針を固めた後は、日本政府を動かす強烈なひと押しが必要になります。

ところが、これまでの大阪府と大阪市の関係では、万博誘致の方針など絶対に固めることはできなかったでしょう。それまで大阪府と大阪市でバラバラの成長戦略を持っていた状態でもありましたから。ここは先ほども話しましたが、僕と松井府知事の人間関係によって、大阪府市の成長戦略、すなわち大阪ビジョンXを一本化しました。

そして大阪ビジョンXを実行するにも、大阪府市の一体化が必要なんです。

万博誘致そしてIR誘致の会場は、大阪湾岸部の巨大埋め立て地です。土砂を埋め立てるお金もなく、埋め立てが途中で放ったらかしになり、水が貯まっている状態でした。関西国際空港の航路下にこの寂れた巨大埋め立て地があるため、関空を利用する外国人が飛行機の窓から眼下に広がるこの埋め立て地を見ると、大阪はスラム街なのかと感じるかもしれません。この埋め立て地は長年、大阪の負の遺産として活用方法に悩んでいたところです。周辺にも埋め立て地がいくつもありますが、どれ一つとっても当初の夢のような計画通りには進んでおらず、冴えない湾岸部となっています。東京のお台場とは大違いですね。

この埋め立て地は、大阪市港湾局が所管しているところです。すなわち大阪市長、大阪市役所に権限がある土地です。歴代の大阪市長や大阪市役所は、この使い道をあれこれ考えてきたのですが、役人が考えることにはやはり限界がある。役人は、現状の法制度を前提としてできることをまず考えるからです。役人には、これまでの方針を大胆に変え、日本政府を動かし、さらには新たな法律を作って現状の法制度を作り変えることまでして、とんでもないビッグプロジェクトを実行していく力はない。それは政治家の役割です。役人の力は、決められた方針の中で、具体案を精緻に作っていくことに発揮されます。これが政治家と役人の役割分担です。

大阪湾岸部の、390ヘクタールを超す巨大な埋め立て地を有効活用するには、大阪市役所の役人が考えるような案では起死回生は図れません。かといって、大阪市長や大阪市議会議員の政治力だけでは、府民全体や関西の経済界が動くことはありませんし、ましてや日本全体の経済界や日本政府が動くことはないでしょう。

ここが大阪市長、大阪市議会議員、大阪市役所が最も勘違いしているところで、大阪衰退の最大の原因でもあります。確かに、大阪市役所の、役所として持っている権限や扱える予算規模は、東京都庁に次ぐ2番目の大きさです。だから大阪市長、大阪市職員、大阪市議会議員は大阪市には「力」があると錯覚してきた。しかし、大阪市が持っている力とはしょせん法制度によって与えられた力、すなわち「行政の力」に過ぎないんです。他方、大阪全体、日本全体を動かすのに必要な力とは「政治の力」であって、この力は、大阪市長、大阪市議会議員、大阪市役所にはないんですよね。

大阪市は、「行政の力」はあるかもしれないが「政治の力」はない。ところが、大阪市は、なまじっか行政の力を持っているので、自分たちで何でもできると勘違いし、大阪府と力を合わる必要性を感じてこなかったんです。事態を大きく動かすには、やはり政治の力が必要なんですよね。

実際、2008年のオリンピックを大阪へ招致するために、大阪市は全エネルギーを注ぎました。ところが、このオリンピックは、「大阪市」主催であって、大阪府や大阪府内の市町村は知らん顔だったんです。大阪市長、大阪市役所、大阪市議会議員、大阪市内の関係団体はみな必死に動いていましたが、日本政府や経済界はおろか、大阪市の近隣の市町村、また関西の他の自治体は我関せずという状態だったんです。

結果は、大阪市は世界IOC委員102票のうち、6票のみ得て、大敗北を喫しました。自分の1票を除けば、世界からは5カ国にしか支持してもらえなかったんです。これが大阪市単体の力だということです（ちなみにこのとき開催が決定したのは北京五輪です）。

他方、2020年の東京オリンピック。こちらは1380万人東京都で勝負。1380万人が一致団結したときの力は凄まじいですね。東京の経済界のみならず、日本政府も、日本の経済界も動かしました。このような巨大なプロジェクトをやるときには、やっぱり住民の力、街の力、役所の力、首長の力がものをいうんです。これが現実なんです。

じゃあ、大阪における巨大プロジェクトを進めるのに、880万人大阪府、大阪府知事が旗を振ればなんとかなるのか？　これが、なんとかならなかったのが、これまでの大阪でした。

確かに大阪府が旗を振ると、大阪府内の43市町村が協力体制を築くことになります。関西の自治体、関西の経済界、そして日本政府も、大阪市が旗を振るよりも動いてくれる可能性が高くなります。実際に、松井府知事は大阪府内の市町村はもちろん、関西の自治体や関西の経済界、そして日本政府を動かしました。日本政府のところは、松井府知事と菅《すが》義偉《よしひで》官房長官の人間関係に拠ったんですけどね。

このように大阪府に、大阪市以上の政治の力が備わっていたとしても、巨大プロジェクトを行う場所は大阪市内ということが多いんです。大阪の経済ホット地域は大阪市内ですから、万博会場そしてIR誘致予定地も大阪市内のこの巨大埋め立て地が候補地となりました。しかし、この埋め立て地については、大阪府は一切口を出せないというのがこれまでの大阪の状況でした。大阪市内のことは全て大阪市長・大阪市役所の権限であり、大阪府知事・大阪府庁は大阪市外のところにしか権限がない。

これが大阪府、大阪市問題の象徴例であり、一事が万事この状況です。すなわち、大阪全体、さらには日本政府まで動かさないと進まないような巨大プロジェクトについて、大阪府の政治力が必要なのに、そのプロジェクトを実行する権限は政治力のない大阪市にある、という状況。だから、大阪では巨大プロジェクトが進まなかったんです。もし大阪が、大阪府や大阪市という区分けがなく、東京都のように府市が一体化した強力な自治体であれば、大阪はとてつもない力を発揮するだろうというのが、大阪都構想の根本思想です。

確かに、僕が大阪市長になり、松井さんが大阪府知事になってからは、僕と松井府知事の人間関係で大阪府市をまとめてきた。僕の後、吉村さんが大阪市長に就いても、同じく松井府知事と吉村市長の人間関係で大阪府市をまとめている。これは僕や松井府知事や吉村市長が大阪維新の会という同じ政治グループに属して、組織上の上下の関係が明確になっているからこそ可能だったんです。そして大阪府市がまとまると物凄い力を発揮して、日本政府が動き、国が動き、万博誘致やＩＲ誘致が可能となることが証明できた。

しかし選挙次第では、大阪府知事、大阪市長が大阪維新の会以外の者になることも大いにありうるし、仮に大阪維新の会所属の知事、市長となったとしても、松井府知事、吉村市長以外の人物の場合に、はたしてきちんとした上下関係を構築できるかどうか。ほんと、いまの府市がまとまっている状況って、知事市長の人間関係だけに頼っている偶然の産物なんですよね。

そこを未来永劫、恒久的に、府と市を、組織として制度的に一体化するのが大阪都構想。府庁組織と市役所組織という二つの存在を二度と認めない。大阪都庁に一本化する。このように大阪が一体化すれば、今回の万博誘致やIR誘致くらいのビッグプロジェクトをガンガン進めることのできる大阪に生まれ変わると思います。

東京だって、1943年までは、いまの多摩地域を所管する東京府と、東京23区を所管する東京市に分かれていました。それを当時の東条英機首相が閣議決定によって東京府市を一体化してできたのが東京都です。東京でも巨大なプロジェクトは経済ホット地域である東京23区内で行われます。ただし東京は、この経済ホット地域である東京23区とベッドタウン地域である多摩地域が一体化して、強力な力を発揮するんです。

東京に遅れること75年、大阪も府市で一体化しようというのが大阪都構想なんです。

もちろん社会制度に100%完璧なものなんてありません。大阪都構想の問題点を挙げればいろいろな課題が出てくるでしょう。しかし社会制度というものは、現状と新しい制度を比較して、よりましなものを選択するという思考が必要です。新しい制度の問題点ばかりに拘泥していては進歩がありません。

いまの大阪府・市が独立にバラバラになっている体制と府市を制度的に一体化した大阪都の体制と、どちらの方がましか。ましな方を選択することで大阪は以前よりも進歩します。今回の2025年大阪万博の決定を受けて、大阪府市を制度的に一体化する大阪都構想の必要性をさらに強く確信しました。

沖縄問題を解決するにも、いま話している沖縄ビジョンXを実行するにも、実行力を発揮できる体制というものが必要になってきます。沖縄が一丸となって、政府与党や本土に対して力を発揮できる沖縄の体制というものはどういうものか、再度考える必要がありますね。

外国人観光客を引き寄せる、魅力的な「中継都市」とは？

中継都市という柱から、外国人観光客を大阪に引き寄せる方針が出てきました。日本の経済の6割は個人消費に支えられています。国内で物を作って輸出で稼ぐことも重要ですが、サービス業などは国内の消費によって潤うのです。そして人口減少社会に突入した日本においては、日本人の数が少なくなっていくわけですから、そうであれば外国人観光客にどんどん消費してもらうことが経済活性化の重要な柱になることに間違いありません。

アベノミクスによる円安効果や、ビザ緩和政策などにより、近年飛躍的に訪日外国人観光客が増えてきました。2018年8月には2000万人を突破。政府は、2020年には3000万人、2030年には4000万人という高い目標を掲げていますが、この目標は前倒しで達成される見込みです。ビジット・ジャパン！と掛け声をかけていた2000年初頭において500万人ほどだったことを考えると隔世の感です。

これだけ多くの外国人観光客が日本に来ているわけですから、次は各自治体の創意工夫と努力によって自分たちの地域に外国人観光客を引き寄せてこなければなりません。

その際に各自治体が最も力を入れなければならないことは、先ほどのビジョンXのところでも少し触れましたが、その地域の特徴を前面に打ち出すことです。それも中途半端な打ち出し方ではダメだし、他の地域と似たり寄ったりの横並びのものでもダメです。

日本人の目では他地域と比べて独特の雰囲気があり特徴的だと見られる地域であっても、外国人から見れば、大括りで「日本」の範疇に位置づけられてしまいます。日本をよく知っている日本人だから、日本の各地域の細かな違いに気づくわけですが、外国人からするとそんな違いは分かりません。一般的な欧米人から見れば、日本人も韓国人も中国人も変わらないし、これら各国の違いも細かなことは分からないというのが実情です。僕ら日本人が、ヨーロッパを一括りにしてしまうのと同じです。

わずかな外国人観光客が東京と京都だけを見て回るかつての状況とは、いまは著しく異なっています。外国人観光客の多くは、東京や京都とは異なる日本を見たい、体験したいという欲望に駆られています。そんな外国人の期待に応え、是非行ってみたいと思わせる各地域の特徴を前面に押し出すことこそが超重要なんです。それも、他地域と比べて頭100個分くらい抜け出すくらいに特徴づけなくてはなりません。できれば世界でナンバーワン、オンリーワンになることです。

そこで大阪の街をどのような街として打ち出すかを考えました。それは、大阪府庁・大阪市役所の観光担当部局が政策を練り上げるうえでの道しるべとなるようなものでなければなりません。「ビジョンXとは、一言で言えば○○と言えるものでなければならない」とはこういうことなんです。

ちょうどこの時、2012年頃のことですが、日本の歴史的景観がそのまま残っている京都市において、門川大作京都市長が、街並み保存のために屋外広告物を原則禁止とする強烈な条例を制定しました。京都市街＝歴史的街並みという特徴を徹底する戦略・戦術です。この条例が威力を発揮し、京都市街では屋外広告物がなくなってきています。また各店舗に許される看板の色にもかなり厳しいルールが課せられたため、京都市街ではマクドナルドやローソンの看板も淡い黄土色になったりしています。

これは京都の歴史的街並みを守って、京都の特徴を世界ナンバーワン、オンリーワンとして打ち出す戦略・戦術として大変よい政策だと思います。

そしてこの京都がやり出した、「屋外広告物を強烈に規制する条例」は全国的に流行りました。街並みを美しくする！　という目標は、どこの自治体の役人も受け入れやすいものでした。大阪市役所の担当部局も検討していたようで、市長である僕のところに規制条例案を持ってきたんです。

僕は市役所の役人と議論しました。大阪市で屋外広告物を撤去させたり、看板の色などの規制を強化したりすれば、通天閣の日立の広告ネオンはどうなるのか、道頓堀のかに道楽の大きなカニのオブジェや巨大なグリコの派手なネオンはどうなるのか、新世界のづぼらやの大きなフグのオブジェはどうなるのか。

結局、その街の特徴というものは、全国一律的なものではないという考えに行き着きました。これ、当然のことですよね。特徴とは、それは個性とも言えるものなんですから。京都は屋外広告物を強烈に規制することで、より京都らしさが強く浮かび上がるけれど、大阪の、特に道頓堀界隈なんて京都の雰囲気とまるで違うので、京都と同じことをやってもダメなんです。そんなことをやったら大阪らしさがなくなってしまいます。

世界的に有名なニューヨークのタイムズスクエアもそうですね。もう広告、電飾はやり放題。360度見渡しても、巨大ディスプレイがアトランダムにビルに張りつき、24時間広告が流れています。あの不規則性こそが、タイムズスクエア特有の空気感を醸し出しているわけです。

タイムズスクエアの年越しカウントダウンイベントは世界中に発信されるし、アメリカ大統領選挙の投開票時も溢れんばかりの人がここに集まって結果を見守っていました。著名なアーティストが世界発信をするために、ここでちょくちょくイベントをやるらしいですね。アメリカのビッグニュースを伝える世界各国の記者も、この場から本国に向けてテレビ中継をしたりします。

いまタイムズスクエアの空間はとんでもない付加価値がついているわけです。ゆえに、あそこで広告を流すには、目の玉が飛び出るような高額な広告料を払わなければならないそうです。このタイムズスクエアで京都のように屋外広告物規制を強化したらどうなるか？　あの空間じたいに何の価値もなくなってしまうことはすぐに分かりますよね。

大阪の街の特徴は何なのか。インテリぶった人たちに言わせれば、すぐに歴史と伝統と文化に裏打ちされた品格ある都市だとかなんとか、モニョモニョ言ってきます。「都市格」なる言葉をよく持ち出して云々します。ほんと権威が好きなんですよね。

でも普通の大阪の人が感じている大阪の特徴って何でしょう。それは「雑多、猥雑」というものじゃないか。これが僕の感じ取っている、大阪の有権者の大多数の感覚です。

もちろん大阪市には220万人ほどの有権者がいますので、僕が一人ひとりの有権者に確認できるわけではありません。しかし、その有権者全体の感覚を感じ取っていくことこそが政治家の重要な役割だと思っています。市長という立場になると、いわゆる有識者や経済界のお偉いさんたちと交わることが多くなり、ついつい彼ら彼女らの感覚に染まっていってしまいますが、そのような人たちの数など、220万人の有権者全体からすれば、ごくごくわずかな数に過ぎません。知事、市長などの政治家は、自分が普段交わる人たちの感覚とは異なる有権者全体の感覚を汲み取ることができるかどうかで、有権者にきちんと応える仕事ができるかどうかが決まってくると思います。

そう言いましたが、これは本当に難しい。毎日毎日、正確な世論調査をやるわけにはいかないので、最後は政治家個々人の勘に頼ることになるけれども、それだけにこの勘こそが政治家にとって最も重要な能力の一つなんです。

というわけで、僕は大阪の街の特徴を「雑多、猥雑」というところに置き、これを極める方針を立てました。それも世界でナンバーワン、オンリーワンと言われるくらいの「雑多さ、猥雑さ」を目指すのだ、と。ちょっとインパクトを持たせるために、「大阪は世界一下品な街を目指す！」と言ったら、案の上、インテリたちからは批判を食らいました（笑）。けれども、僕の言わんとするところをもう少し理解しろっていうんです。インテリたちは普段からいろんな本を読んでいるんでしょうから、僕の言葉の奥深いところにある本当のねらいを汲み取れっていうんですよ。まったく洒落が通じません。

そういうことで大阪市では屋外広告物の規制強化はやらないことにしました。「雑多さ、猥雑さ」を基本方針にするなら、むしろもっと広告は自由な方向でいこう、と。このように基本方針が固まると、役所はドドドーッと動き始めます。落ち着いたオフィス街である四ツ橋筋だとか、御堂筋のど真ん中はやっぱりダメだけど、キタやミナミのターミナル、道頓堀界隈はもっと賑やかにいけ！　もっとどぎつい原色の色でいけ！　と。それまで禁止になっていた大型ビジョンの設置も可能にしました。

いま、日本全体における外国人観光客が増えるなかで、大阪の外国人観光客は、他地域よりもどんどん増えてきているんです。その伸び率は日本の中で1位2位を争うだけでなく、世界の中でもトップクラスになってきています。道頓堀界隈なんか、どこの国なんだ？　という感じです。日本語の方が少ないんじゃないか（笑）。

ビジョンXとしての大阪の成長戦略は、役所が動くための原動力・推進力です。つねに進捗状況を確認してPDCAサイクルを回すことにこだわったので、この大阪の成長戦略に基づいて、大阪府と大阪市は共同で大阪観光局を設置し、外国人観光客に対して詳細なアンケートを行うようになりました。いわゆるマーケティングですね。

不思議なことに、これまでの役所には、マーケティングという発想はありませんでした。黙っていても税収という資金の入ってくる組織は、積極的にお客をつかみにいこうとしないですね。そこを民間主体の大阪観光局はマーケティングの発想で、どうすれば外国人観光客に大阪へ足を運んでもらえるのか、徹底的に調査・分析するようになったんです。

観光局をはじめとするさまざまな調査機関が行ったリサーチによると、外国人観光客が大阪を訪れた理由の上位に、「大阪にはアジアを感じるから」「大阪はワイルドだから」というのがあがっているとのことです。これは僕の言うところの「雑多さ、猥雑さ」だと、勝手に解釈しています（笑）。

大阪の街の特徴として、この「雑多さ、猥雑さ」を前面に、そして強烈に押し出す方針は、多くの批判を受けたけれども、大阪を訪れる外国人観光客の爆発的な伸び率とそれに伴う経済の盛況を見ると、この方針は間違っていなかったものと確信しています。さらに、この大阪の「雑多さ、猥雑さ」の一環として、現在、大阪は官民一体となって、カジノを含む統合型リゾート（ＩＲ）の誘致に全力を挙げています。

このようにビジョンXとは、これまでのやり方の逆張りをいき、他を圧倒する特徴を持ち、そして役所組織がそれを原動力として動いていくものでなければなりません。

残念だった１９９６年沖縄「国際都市形成構想」

そのような意味で、沖縄県が１９９６年に正式な将来計画として具現化した沖縄「国際都市形成構想」はビジョンXになりうるものでした。これは、大田昌秀沖縄県元知事が打ち出した「国際都市形成構想――21世紀のグランドデザイン」を具体化したものですが、大田さんが知事再選に敗れ、その後推進されなくなってしまいました。しかし、この構想の不十分なところをさらにブラッシュアップし、実行していくことこそが、沖縄の潜在的な力を引き出し、沖縄を活性化することにつながると確信しています。それくらい、この沖縄「国際都市形成構想」は独自の可能性を秘めているのです。

少し、大田元知事が「国際都市形成構想」を打ち立てるにいたった経緯を見ておきましょう。構想発表の前年の出来事ですが、1995年9月4日、米兵3名が12歳の小学生を拉致強姦するという忌まわしい「沖縄米兵少女暴行事件」が起きました。当然、沖縄県警は米軍に対し、米兵容疑者の身柄引き渡しを要求しましたが、日米地位協定の規定が足かせとなり、起訴されるまで米軍側は引き渡しを拒否したのです。これをきっかけに沖縄県民の反米、反基地感情が高まり、沖縄県民総決起大会が開かれる「島ぐるみ」運動が盛んに展開されていきます。収拾のつかない沖縄の運動に対して、日本政府も対応せざるをえなくなります。そんななか、同年11月4日、15日に、大田知事は当時の村山首相と会談し、「国際都市形成構想」の枠組みと、その前提としての「基地返還アクションプログラム」を明確に提示したのです。この「基地返還アクションプログラム」とは、計画的、段階的な米軍基地の撤去を求める計画です。日本政府・米国政府はこれを飲まざるをえなくなったのです。

一般的にこのような構想案は抽象的理念的なものになりがちなのですが、沖縄の「国際都市形成構想」は少し違っていました。県から公式に発表されたこともそうですが、島ぐるみ運動という沖縄県民の政治力を背景に国に要求した計画であるという点で、これまでの抽象的理念的な沖縄の都市自立構想とはひと味もふた味も違う具体的なものとなっていました。

とりわけ、地域活性化計画として経済政策が中心に据えられ、以下のような、まさに「一国二制度」と言っていいような規制緩和や経済制度の特例を中心に展開しようとしたことは特筆すべき点でしょう。

1　自由貿易地域制度の拡充・強化
2　税制上の優遇措置
3　運輸関係の規制緩和等の推進

4　入国手続きの簡素・合理化

「国際都市形成構想」は、人・モノ・カネの流れが国境を越えて拡大していくグローバリズムがいまほど叫ばれていなかった時代に、グローバリズムを先取りした先見の明があります。そしてその根底には、沖縄の自立への強い想いがあります。

大田さんは、元々は「文化や学術の交流拠点」「国際平和都市」のようなものをイメージしていたようですが、徐々に具体化するにあたり、経済的側面が強調されるようになりました。①県全域を自由貿易地域とする、②税を減免する、③規制緩和を徹底するなどを柱にしたもので、沖縄県そのものを経済特区にするようなイメージです。しかもその法制度は、本土とは全く異なる次元のものを目指すというもので、いわば中国と香港の関係のような一国二制度を目標とするようなものです。僕はこの三本柱こそが経済活性化のための有効策だという持論であり、本当は日本全体でもやらなければならないことだと思っていますが、国会議員の力不足で、なかなか進みません。であれば、まずは沖縄に限って大胆に進めるというのは大賛成です。むしろ本土で進まないうちに、沖縄で先にやってしまうということは、沖縄を本土よりも経済的に著しく優位な立場に立たせるものであり、大、大、大賛成です。

沖縄と世界各国を自由貿易圏と観光でつなげる。人・モノ・カネを沖縄と世界各国の間で大量に行き来させる。この方向性はいまでも十分に使えます。

そして沖縄の経済活性化を進める上で、避けては通れない道が、米軍基地の縮小です。沖縄の米軍基地は日本や極東地域の安全保障に活用されていますが、それは経済的な活用ではありません。やはり限られた土地を経済的に有効活用することが、沖縄の経済を活性化させることにつながります。

この点、昔から、沖縄の経済は、米軍基地に依存しているのではないか、米軍基地がなくなれば沖縄の経済はもたないのではないか、という指摘がありました。確かに米軍基地に貸し出す賃貸料や、米軍基地内での雇用、米兵家族たちによる消費などは沖縄経済の一部要素ですし、米軍基地を設置していることで沖縄振興策として国から多額な補助金が沖縄県に流れている事実もあります。実際、沖縄が本土復帰してしばらくの間は、これらが沖縄経済を支えていた時期もあったでしょう。

しかし、いまや米軍基地から派生する経済活動は、沖縄の全経済活動のうち、5％にも満たないとも言われています。もはや沖縄経済が米軍基地に依存しているような状況ではありません。

次ページ上の図表を見てください。これは、沖縄県の米軍基地の図、返還予定の五つの米軍基地（キャンプ桑江、キャンプ瑞慶覧、普天間飛行場、牧港補給地区、那覇港湾施設）が含まれます。下の図表は、すでに返還された土地を利用した経済活動の波及効果を試算したものの一例です。

一覧しただけでも基地の跡地を経済的に有効活用した方が、確実に経済効果が高いことが分かると思います。県が基地返還後の那覇市新都心地区の経済効果が返還前の32倍になったという調査結果等をもとに、今後の基地返還による経済効果を試算すると普天間飛行場にいたっては返還後の経済効果は32倍ですよ、32倍!!　雇用も90倍を超える試算です。キャンプ・キンザーのある牧港補給地区は13倍となっています。しかも普天間飛行場を始めとする土地の有効活用策に、これからお話しするビジョンXとしての強烈な案を採用し実行すれば、もっと経済効果は高くなるでしょう。

このように「国際都市形成構想」は大きな可能性を秘めているのですが、残念なところがいくつかあります。

まず構想の中身についてですが、基本的方向性は正しいのですが、具体的な制度として

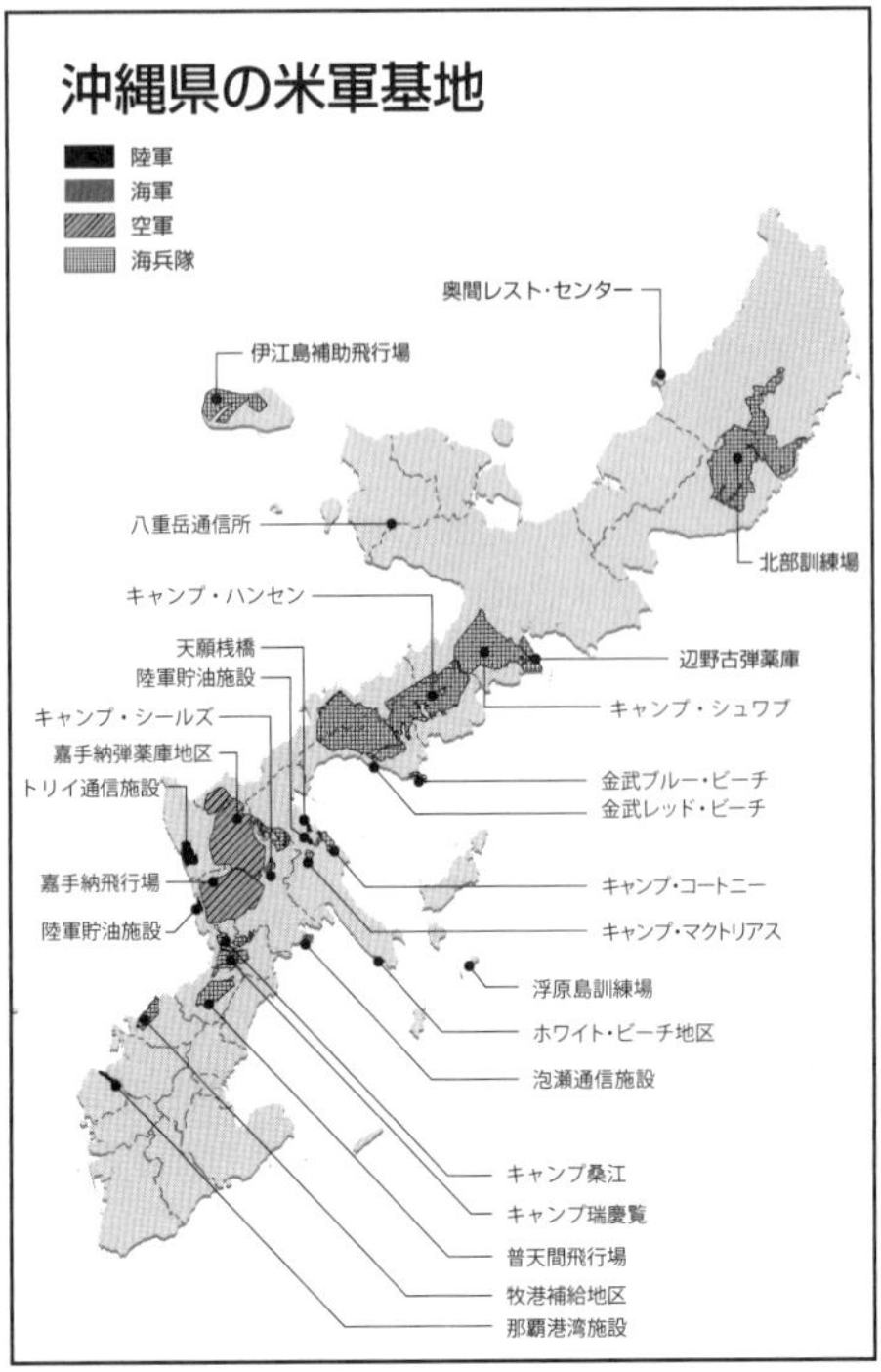

既返還 駐留軍用地跡地	直接経済効果（億円/年）			雇用者数（人）			税収効果（億円/年）		
	返還前	返還後	倍率	返還前	返還後	倍率	返還前	返還後	倍率
那覇新都心地区	52	1,634	32 倍	168	15,560	93 倍	6.0	199	33 倍
小禄金城地区	34	489	14 倍	159	4,636	29 倍	3.4	59	17 倍
桑江・北前地区	3	336	108 倍	0	3,368	皆増	0.4	40	100 倍
合計	89	2,459	28倍	327	23,564	72 倍	9.8	298	30 倍

（第１回「全国知事会 米軍基地負担に関する研究会」沖縄県提出資料より）

上：沖縄県の米軍基地
下：沖縄県における米軍基地返還跡地利用による経済効果

は、インパクトが弱い。もっと大胆なものでなければ、単なる通常の行政プランにとどまってしまい、ビジョンXにはなりません。税の減免内容も、規制緩和の内容も、まだまだ政府に遠慮をしています。沖縄県庁の原動力となり、そして沖縄県を官民一体で動かすビジョンXになるためには、もっと強烈なメッセージ性が必要となります。政府や本土への遠慮は不要です。米軍基地を一手に引き受けて、日本の安全保障を沖縄県民の負担で担っているのですから、逆にもっと厚かましい内容にすべきです。

そして、ビジョンXにとって最も必要な要素である、「一言で言えば〇〇」という要約メッセージが弱い。国際都市形成構想というものは、大目標としてはいいのかもしれませんが、中目標としてもっと具体的にイメージできるもの、沖縄の特徴を前面に打ち出したもの、それも他と比べて頭100個分くらい抜きんでたものを示す必要があります。つまり、世界ナンバーワン、オンリーワンになるものを、です。国際都市というのは、沖縄以外でもそれに「なりうる」のです。沖縄の特徴ゆえのものではない。つまり、この国際都市形成構想に欠けているのは、沖縄の特徴を前面に押し出したかたちになっていないことです。この国際都市形成構想がビジョンXになるためには、沖縄の特徴を前面に打ち出したかたちで、国際都市を形成していくというロジックが必要です。

では、沖縄の特徴とは何か？

本土の人間も、「沖縄」と聞いてすぐに思い浮かぶのは、真っ青な海と空に燦々と輝く太陽。いい意味で都市化が進まず豊かな自然に溢れている。街並みは島特有の空気感があり、三線が奏でる民族音楽、歌に独特の踊り。本土とは全く異なる南国ムードです。この沖縄の特徴を活かす方向性は、これしかありませんよね。

そうです。「東洋一の観光リゾートを目指す」という方向性です。

本当は「世界一」と言いたいところですが、沖縄が目指す方向性ですでに観光リゾートとして成功しているところが地中海あたりにいくつもあるので、そちらは西洋一の観光リゾートと位置づけて、沖縄は東洋一を目指す。これで必要にして十分だと思います。「東洋一の観光リゾート」。これこそ、沖縄ビジョンXの柱の部分でしょう。もちろん国際都市形成構想で提案している自由貿易地域というものも並行してやるべきものだと思いますが、それは沖縄の特徴を前面に押し出したものではないですよね。

沖縄を東洋一の観光リゾートにする

いま、お蔵入りとなってしまっている沖縄「国際都市形成構想」の中に、「東洋一の観光リゾート」という柱をしっかりと位置づけると、沖縄県庁の優秀な役人集団はフル稼働して政策・制度を具体的に練り上げていくでしょう。そして官民一体の動きも次々と生まれてくるでしょう。沖縄の特徴を前面に打ち出し、ナンバーワン、オンリーワンを目指していく。これこそが沖縄ビジョンXです。

先ほども述べましたが、観光客の消費額というのはバカにならないんです。その地域の経済活性化にダイレクトにつながるんです。

沖縄県は、外国人観光客だけではなく、本土の日本人観光客も呼び寄せることをターゲットにした方がいい。日本人ですら、沖縄には独特の空気感を感じますからね。

沖縄の魅力は、僕が語らなくともすでに国内外に伝わっていまして、2017年は沖縄にやってきた国内外の観光客が1000万人近くにのぼり、ついにハワイの観光客数を越えたとの報道がありました。あのハワイよりも、沖縄の方が観光客を集めているんですよ！

もちろん沖縄を訪れる観光客は、ハワイの観光客よりも滞在日数は少ないし、消費額も少ないということですが、そこは数でカバーするなり、滞在日数や消費額を増やすなりの政策を打ち込めばいいのです。これこそがビジョンXに基づく政策フル動員です。

このような政策で有効なのは税制です。税減税や免税政策ですね。役人が税金を使ってあれこれするよりも、特定の経済活動について減税したり免税したりすると、民間事業者はその経済活動を積極的に行おうとし、より経済が活性化します。

この減税策、免税策は「国際都市形成構想」にも掲げられていましたが、それは沖縄を自由貿易地域にすることを目標としていたものであって、東洋一の観光リゾートを目標とするものではありませんでした。

自由貿易地域を実現するための減税策、免税策も実行すればいいことですが、それよりも東洋一の観光リゾートを実現するための減税策、免税策を強烈に打ち出すべきです。

詳細な制度設計は役人にまかせればいいですが、やはり消費税の減税・免税政策は観光リゾート地として成功させるには必須の政策でしょう。観光リゾート地は、観光客の消費が全てです。ゆえに消費を促すためには、消費税の減税・免税政策は外せません。

おりしも2019年10月には消費税が10%に引き上げられる予定です。だからこそ、沖縄が減税・免税となれば本土の地域と比べて、一層のアドバンテージを得ます。その際も、0・01%の減税とか、ショボいことをやっていてはいけません。できれば消費税0%、少なくとも本土の半分の5%までの減税くらいやらなければインパクトはなく、ビジョンXになりません。

役人に制度設計を丸投げするのは危険です。彼ら彼女らは自分たちの考えに沿うように、政治家の案を骨抜きにするのが得意ですからね。役人としては、国税である消費税の税率に特定地域のみの特例を設けることを極端に嫌います。国の制度は全国一律ということが大前提なんです。役人の言い分も分からないではない。「国の制度である以上、全日本国民を公平・公正に扱わなければならない。特に税においては公平性が重要だ」というのでしょう。ゆえに、沖縄のみに特例を設けるにしても、その減税幅はできるかぎり小さくしたいというのが役人の気持ちです。ですから、消費税をどこまで減税にするのかの減税幅については、政治家があらかじめ決定しなければなりません。その上で役人に詳細な制度設計をさせるのです。

そもそも、制度についてある地域のみに特例を設けることは、国民の理解、支持がなければできませんが、逆に国民の理解、支持があれば大胆な特例を設けることができます。このようなことは役人にはできないし、役人の仕事ではありません。これはまさに政治の仕事なんです。

一国二制度の作り方

あるものをナンバーワン、オンリーワンに持っていこうと思えば、そのあるものに特例を認めてあげることが近道です。であれば沖縄を「東洋一の観光リゾート」に持っていくためには、沖縄に日本全体に適用される法制度とは異なる特別の法制度を認めてあげること、すなわち一国二制度を認めてあげることが近道です。

国際都市形成構想も一国二制度「的」なものを目指していましたが、中途半端でした。もっと明確に、大胆に、一国二制度を主張すべきでした。一国二制度は役人が認めたくないものだろうし、普通は実行できない。しかし政治が強い意思を持てば、一国二制度を作ることは可能であり、それこそが政治の役割なんですね。

僕は大阪市内において、一国二制度を作りました。厳密に言えば「一市二制度」ですね（笑）。大阪市はさまざまな課題を抱えていますが、その象徴的なものの一つして、西成《にしなり》問題というのがありました。西成って聞いたことありますか？

西成といえば、これまでは大阪人でも「危ないところ」というイメージが定着していました。僕も弁護士時代──もちろんいまも弁護士ですが（笑）──政治家になる前の弁護士時代に、刑事弁護をよくやっていましたが、覚せい剤取締法違反事件の容疑者から弁護人を依頼されて、留置先を確認すると、必ずといっていいほど西成警察署でした。ここでは交差点の特定名称を出すことを控えますが、容疑者たちが覚せい剤を売買していた場所としていつもあがってくるのが、この西成のど真ん中にある交差点なんです。

高度成長時代、ちょうど1970年の大阪万博開催の頃ですが、大阪の都市開発のために全国から労働者が大阪に集まってきました。その拠点が西成の「あいりん」地区で、日雇い労働者の街だったんです。しかし労働者は高齢化し、仕事の業態もすっかり変わってしまいました。多くの労働者がホームレス化していきました。ホームレスがすべての元凶というわけではありませんが、やはりゴミや落書きの散乱に始まり、治安の悪化というものにも顕著に表れてきます。公園にはホームレスが集まり、路上では違法DVDなどを売る露店が乱立します。生活保護受給者も集まり、またそれをねらった貧困ビジネス業者が集まってきます。日雇い労働者向けの、一泊2000〜3000円の簡易宿泊所、通称ドヤの宿泊者の中には犯罪者も紛れ込み、ここでも薬物売買が横行していました。どんどん負のスパイラルに陥り、西成のイメージが悪化し続けました。ただし西成全体がそういう環境ではないのです。西成の中でも「あいりん」地区に課題が山積しているのですが、大阪のみならず、日本全国に、西成全体の悪いイメージが広がってしまっていました。

僕が大阪市長に就任してすぐに、フジテレビの「報道2001」という番組に出演したんです。そのときの特集は大阪市政の課題ということだったんですが、特に西成「あいりん」地区の問題に焦点が当たりました。

大阪市役所のシステムにはいろいろな問題があって、それを解決しようとしたのが大阪都構想なんですが、その象徴的な問題が、市役所組織が対応しなければならない住民が多すぎるということなんです。大阪市役所の仕事の中心は、住民の日常生活の細々としたことのお世話です。中央政府のように世界の各国と外交をするような仕事ではありません。そしてその日常生活のお世話をしなければならない相手である大阪市民は270万人です。日本全国には約1700の市町村がありますが、そのうちの約80％は、人口10万人未満です。大阪市がいかに巨大な都市であるかがわかりますよね。日本全国の都道府県と比べてみても、京都府や広島県とおなじほどの人口です。これらは47都道府県の中でも7番目、8番目くらいの大きな規模です。しかし京都府や広島県は、市町村のように住民の日常生活のこまごまとしたお世話をする仕事をしません。府県内の市町村の調整だったり、産業誘致だったりの仕事で、住民の日常生活のお世話は府県内の20を超す市町村が担います。

結局、人口270万人の大阪市という規模で、住民の日常生活をお世話するのは難しい。細かなところまで目が行き届かないんです。ですから大阪市を四つか五つに再編して、一つひとつをもう少しコンパクトにし、住民の日常生活に細かく目を行き届かせようとしたのが大阪都構想なんです。

話を「報道2001」に戻しますと、西成「あいりん」地区で不法投棄のゴミが山積みになっている映像が流れました。番組ではこのような西成をどうしていくのか、ということが問われました。270万人大都市の大阪市長として、西成のあいりん地区という狭い地域のゴミ問題をそこまで把握していませんでした。僕には、それは西成区長の仕事だという思いがありました。番組における僕の発言は、「市役所で確認してきちんと対応していく」というありきたりの答えにならざるをえませんでした。

その後、地域のみなさんから話を聞くと、子供たちの通学時間にすでに不法投棄のゴミの山が積み上がっており、そのすぐ横を子供たちが通って毎朝学校に通っているとのことでした。

僕は、早速、ゴミ収集の担当部局である環境局の局長や幹部を市長室に呼びました。「西成のあいりん地区の不法投棄ゴミの山は酷いので、すぐに対応して欲しい。せめて子供たちの通学時間にはきれいな状態にして欲しい」と局長や幹部に伝えました。

そうすると局長や幹部はこう言うんです。「子供たちの通学時間前にゴミを回収するのであれば、残業手当が発生します。そして西成のあいりん地区だけ、特別なゴミ回収をやるわけにいきません。西成のあいりん地区で特別なゴミ回収をやるのであれば、大阪市全体でもやらなければなりません」

僕は費用を聞きました。すると大阪市全体で特別なゴミ回収をするのに必要な残業手当は数億円から二桁億円という額になるということです。

僕は「いやいや、大阪市全体で特別な早朝ゴミ回収をやる必要はない。西成のあいりん地区だけなら数千万円ですむはずだが」と指摘すると、局長らは「確かにあいりん地区だけなら、たいした面積ではないので、残業代は数千万円ほどですみますが、大阪市の行政サービスは、大阪市民全体に公平に提供されなければなりませんので、大阪市全体でやらなければなりません」と主張します。

さらに僕は「あいりん地区以外では不法投棄ゴミの問題が生じていない。もし大阪市全体で早朝ゴミ回収をやれば、ほとんどの地域でゴミがないところに回収車を回すことになる。早朝にゴミを回収しなければならないあいりん地区だけ、回収車を回せば十分じゃないか」と指摘しますが、局長らはさらに反論します。

「いえ、西成のあいりん地区だけに特別の行政サービスを提供すると、他の地区から文句が出ます。特に他の地区の議員が強く抗議してきます。その際、なぜ西成のあいりん地区だけ特別扱いにしなければならないのかの理由が必要になります。大阪市のルールとしては、大阪市民全体に公平に行政サービスを提供しなければならないことになっています」と。

そこで僕は「大阪市民全体に公平に行政サービスを提供しなければならないというルール・慣行についての最終決定権者・修正権者は誰なのか？」と尋ねました。

局長らは「市長です」と答えるんです。そりゃそうです。市役所の内部ルールの最終決定権者はもちろん市長なんですよ。ところが市役所組織としては、市長という存在がこれまではお飾り的なものだったのか、市長決定と市役所の組織決定というものがイコールだという認識を強く持たなかったのでしょう。組織のルールは市長とは別に組織が決めるという認識だったのでしょう。局長らは、自分たちの目の前にいるこの僕が、組織決定の最終決定権者だということを、このようなやり取りをやることによってはじめて実感したのだと思います。

僕は「そうですよね。僕が市役所ルールの最終決定権者ですよね。ということで、いまから西成のあいりん地区だけを特別扱いにするルールを作ります。他地区から文句が出た場合には、これは市長決定で決まったので、文句は市長に言ってほしいと伝えてください」と指示を出しました。

そして僕は記者会見で発表しました。

「西成のあいりん地区にはさまざまな課題が山積しているが、その解決はこれまで掛け声ばかりで終わり、実行されることが乏しかった。あいりん地区が変わってはじめて大阪が変わる。あいりん地区には少子高齢化時代において行政が取り組まなければならない課題が集積しており、それを解決することこそが少子高齢化時代の行政の課題解決モデルになる。そのためには徹底してあいりん地区に行政の人的・物的資源を投入する。すなわち西成あいりん地区をえこひいきして、人とカネを特別に投入する仕組みを作ります。名づけて西成特区構想です」

「一市二制度」で地域は生まれ変わった

きちんとした制度ができれば、役所組織はガンガンに動きます。特に予算をあいりん地区に特別に投じる枠組みを作ったので、あいりん地区だけの特別の事業がどんどん立ち上がりました。

ニューヨークが殺人多発地帯と呼ばれていたことは、すでに過去の記憶になりつつあります。僕が小学校、中学校の頃、いまから35年ほど前のことですが、「ニューヨーク警察24時」なんていう名前がついたテレビ番組がよく放映されていました。青色のランプにけたたましく鳴るサイレン。ニューヨークは治安の悪い場所というイメージでした。その状況を劇的に改善したきっかけはジュリアーニ元ニューヨーク市長の「割れ窓理論」にあるとよく言われています。当時ニューヨークと言えば落書きにゴミが散らかっているイメージです。地下鉄車体などにも落書きが施され、それがニューヨーク名物と言われていたくらいです。しかしジュリアーニ氏は、治安改善の第一歩は落書き消しとゴミのない街だという確たる方針を打ち出しました。そのことによって市民の規範意識を醸成させる、と。徹底した落書き消しとゴミ収集、ポイ捨て禁止によって、徐々に街の秩序を取り戻し、いまでは夜も普通に歩けるニューヨークになっています。

僕もそれを真似て、西成あいりん地区の落書き消し、ゴミ収集、そこから露天商撤去、放置自転車の整理と展開していきました。街がきれいになる様子を住民が実感すると、住民がより積極的に動いてくれるようになります。街のポイント、ポイントに地域住民によって花が飾られるようになってきました。道路やガードレール、手すりなども舗装し直しました。通学生が少なくなった小学校を統合し、小中一貫校を作り、スクールバスを走らせました。この学校は美味しい給食、特別な英語教育、デジタル機器のフル活用を特徴とし、学区を撤廃して大阪市全域から入学できるようにしました。街の防犯灯もLEDに切り替え、防犯カメラも集中配備しました。地域の懸案事項であった「あいりん労働センター」の建て替えについても、大阪府、大阪市、国と地域住民のみなさんの協議によって一定の方向性を示すことができました。大きな歯車が動き出し、勢いがついてくると行政の取り組みも地域住民の自主的な活動もパワーアップしていき、街の改善が一気にスピードアップしていきます。そこに大阪市中心部から関西国際空港へつながる新規鉄道の路線が、あいりん地区に存在する駅（新今宮駅）に直結する計画が発表となりました。それを見越してか、長年大阪市役所が抱えて塩漬けとなっていた、この駅前の広大な土地を、あのリゾートホテルの運営で有名な「星野リゾート」が借り受けてくれて、ここに素晴らしいリゾートホテルを建ててくれるという計画が決定しました。ちなみに、星野リゾートへの土地の貸出は、きちんとした公募手続きでやっていますので加計学園のような問題はありません（笑）。

あいりん地区名物の簡易宿泊所は、外国人観光客向けのリーズナブルな宿として生まれ変わっています。かつては労働者が集まっていた宿泊所のロビーは、いまや若いエネルギーで満ち溢れた国際サロンになっています（笑）。そうなると周辺には、この外国人をターゲットにした飲食店が集まってきます。以前の労働者相手の飲食店が、店の業態を変えてきています。

いま、大阪市内の地価上昇率が最も高いのが西成なんですよ。すぐ隣は、人気の天王寺・阿倍野地区で、天王寺動物園や通天閣で有名な新世界も徒歩圏内です。「西成は危ない地域」と言われていた頃と比べて隔世の感です。まだまだ西成は発展してきます。これまで発展の度合いが少なかった分、伸びしろがあるんです。

みなさん、一度西成あいりん地区を訪ねてみてください。本当にアジアを感じる、ディープで楽しくエネルギッシュな街ですから。このように街が変わりつつある根本要因は、西成特区構想、西成えこひいき構想、すなわち一市（国）二制度にあると自負しています。

役人が、市民全体を公平に扱うというのは当然のことです。そのようなルールになっているなら、なおさらです。ここで一国二制度というものを作るのは政治家の仕事。政治家がある地域を特別扱いにするルールや制度を作ればいい。特別の利益を受けない他地域の住民・国民から不公平だ！　というクレームを受けながら、その他地域の住民・国民に納得してもらう説明を徹底的に行う。そのようにして一部地域だけを特別扱いにしていくことは、役人にはできず政治家にしかできません。まさに政治家の腕の見せどころです。

国家戦略特区制度の難しさ

国もこれまで一国二制度的なものにチャレンジしてきました。旧民主党政権のときには総合戦略特区制度、そして安倍政権になってからの国家戦略特区制度です。日本のがんじがらめの規制について一部地域のみ規制を緩和するという制度です。確かに社会秩序の安定のためには規制は必要です。しかし日本の規制は特定業界団体を守ることが目的となっているようなものも多い。それら規制を緩和し新規参入を促し経済を活性化するというのは、言うのは簡単ですが、やるのは超大変です。特定業界団体からの反発は当然ですし、その団体から応援を受けている政治家からの反発、さらにはそれら団体とタッグを組んでいる役所の担当部からの反発が起きます。規制緩和をやろうと思うと、それはそれは凄まじい抵抗を受けるのです。ゆえに全国的な規制緩和の法律改正はなかなか進まない。

そこで特定の一部地域のみ規制を緩和して、まずは試験的に実証し、その効果が見える化されれば日本全体での規制緩和につながっていくのではないか、という考えが特区制度です。ところが特区制度によってもなかなか規制緩和は進まないですね。それだけ抵抗勢力のパワーは凄いんです。でも最後は首相が決断すれば、日本の役所はそれに従っていくのが原則です。安倍政権が昨年から、そしていまも徹底的に追及されている加計学園問題も、もともとは特区制度にまつわるものでした。50年以上も獣医学部の新設が認められなかった現行ルールに対して風穴を開けるために、特区制度が活用されました。しかしもともと獣医学部の新設なんて、文部科学大臣が自らの署名でルール（文部科学省告示）を変更すれば実行できるんです。だから僕は、ある番組で共演した馳浩元文部科学大臣に「獣医学部の新設なんて、たいそうに国家戦略特区という制度を用いるのではなく、文部科学大臣の気合だけでできるんじゃないですか？」と尋ねたら、馳さんは「そこは政治的にいろいろあってできないんですよ」と答えられていた。日本の規制を緩和するにはこのようにほんと大変なんです。獣医学部を一つ新設することだけでも、国家戦略特区なんて大げさな仕組みを使わないとできない国なんですよね。

本当は国家戦略特区というからには、ドカーンとした規制緩和を実行するのが本筋なんでしょうが、いまはしょぼい規制緩和が多いですね。一国二制度をやるからには、中国本土と香港のように、日本全体とは決定的に異なることを一部地域でやらなければ意味がありません。中国経済がいまここまで発展したきっかけも、中国の深圳《しんせん》という地域を、中国とは異なる国ではないかと思えるほどの特例地域にしたことにあります。「ここまで特例的なことをやるか！」という大胆さ、インパクトがとにかく必要なんですね。

そのような意味では、国際都市形成構想に示された、特例的な税制などは非常に中途半端なショボいもので終わってしまったと言えます。これは日本全体で一制度だという認識を強く持つ財務省に徹底的に骨抜きにされたからでしょう。このようなときに仕事をしなければならないのが、政治家なんです。国際都市形成構想に掲げられた、沖縄に特例の税制などは、もっと大胆に、本土とはまったく異なる国であるような制度にしなければならなかったんです。繰り返しますが、消費税など、沖縄では0にするくらいの大胆さが必要です。それが沖縄を東洋ナンバーワン、オンリーワンの観光リゾートに仕立てる肝の部分なんですから。

いま、2019年10月からの消費税増税に向けて増税対策が国会で議論されています。景気の腰を折らないように増税はするけど、消費者に一定還元する政策が総動員されそうです。そのなかで、キャッシュレスの普及を図ることとの抱き合わせで、クレジットカードや電子マネー、そしてマイナンバーカードを利用した消費者に5％の還元をするという政策が実施されそうです。ただし期間限定で東京オリンピックの2020年まで。これは沖縄にとって消費税に関して一国二制度を実行するための大チャンスです。沖縄だけ、2020年以後も5％の還元をやると政治が決めればいいだけですし、還元率も5％からもっと上げることも簡単にできます。あとは政治の気合だけ。ぜひとも、それくらいの大胆な一国二制度を、沖縄の活性化のためにやってもらいたいですね。システムはできあがるので、ほんとやるのは簡単なんですよ。役人がダメですと言うのを、政治が振り払うだけでいいんですから！

ビザ要件の緩和などの入国審査も、安倍政権になって現在かなり緩和されてきています。沖縄にはさらなる大胆な緩和もやっていくべきですし、入国審査手続きじたいも、本土よりも圧倒的にスピーディーに行えるような制度、システムにすべきです。国際都市形成構想に示された沖縄の特例的な入国審査制度も中途半端なもので終わってしまったために、日本全体を動かすほどのインパクトにつながらなかった。とても残念です。

いまやあのハワイにも観光客数が並ぶ沖縄となり、先日、僕が沖縄に行った際も、国際通りや牧志公設市場は観光客でごった返していました。ただし、沖縄を訪問する観光客の70％近くを日本人が占め、外国人観光客は30％程度にとどまっています。そして外国人観光客のほとんどが近隣諸国の台湾、韓国、中国からの観光客です。いわゆるインバウンド観光としては、まだまだ未開拓の状態にあります。

沖縄にはたくさんの魅力がある。もっと多地域からの外国人を呼び寄せてくる力があるはずなのに、まだその力を発揮しきれていません。確かに何かこれを一つやれば、いきなり外国人観光客が世界各地からどっと押し寄せるというものではありません。あらゆる政策をフル動員して、やっとその効果が少し現れるようなものですが、しかし重要なことは、沖縄の特徴を前面にナンバーワン、オンリーワンの方向性を明確にかつ強烈に打ち出し、それを実現するために沖縄にのみ適用される一国二制度の法制度を作り出すことです。ナンバーワン、オンリーワンを実現しようと思えば、それなりの特例を沖縄に与えられなければ実現できませんから。

そして一国二制度を実現するのは、政治家の胆力一つなんです。しかも沖縄の特例を、大胆にすればするほど、本土との違いを出せば出すほど、沖縄がナンバーワン、オンリーワンの地位を築いていきます。これが沖縄を東洋一の観光リゾートにする実行プロセスです。インテリたちは口だけで「沖縄を魅力ある観光リゾートにすべき！」と言いますが、そんなことは誰でも分かっています。重要なことは、その実行プロセスなんです。

政治家の力によって大胆な一国二制度が実現すれば、沖縄にのみ適用されるその特例制度をフルに活用して、象徴的なプロジェクトを実行するんです。僕はその象徴的なプロジェクトの一つとして、シンガポールで展開されているカジノを含む統合型リゾート（IR）施設のようなものを、沖縄でも展開すべきだと思っています。

シンガポールの観光戦略から学べること

みなさんの中で、シンガポールに行かれた方は、どれぐらいいらっしゃいますか？（手が挙がっている様子を見ながら）1割くらいでしょうかね。行かれた方はもうご承知のことと思いますけど、これをちょっと見てください。

シンガポールは、日本でいえば、兵庫県の淡路島よりも少し大きいくらいの面積なんです。沖縄のみなさんは淡路島といってもピンとこないですかね。沖縄本島と比べると、沖縄本島の方が大きくて、シンガポールは沖縄本島の3分の2くらいの面積しかありません。しかし、沖縄本島の人口は138万人ですが、シンガポールの人口は561万人です。そしてこの561万人という人口で、独立した一国としてやってるんです。さらに、2017年の国民1人当たりのGDP、つまり国民1人当たりが生み出す経済的付加価値額は57700ドルで、日本の38400ドルよりかなり高く、いま、東アジアでナンバーワンです。この小さな島国で、よくここまで経済を回しているな、と感心します。

そしてこのシンガポールの経済の柱の一つに、「観光」というものがしっかりと位置づけられ、シンガポールを訪れる外国人観光客数は、自国民の3倍強の約1800万人です。もの凄い観光大国ですよね。

シンガポールはかねてより観光大国でありましたが、さらにそのエンジンをふかすことになったのが、2つの統合型リゾート（IR）施設が2010年に開業したことです。「リゾート・ワールド・セントーサ」と「マリーナベイ・サンズ」という施設です。

リゾート・ワールド・セントーサの方ですが、大きなプールがあったり、USS（ユニバーサルスタジオ・シンガポール）もあります。大阪にあるユニバーサルスタジオ・ジャパン＝USJのシンガポールバージョンです。USSの方が少し小さいですが。大型水族館も。セントーサ島というのは、シンガポール島の中のさらに小さな島で、この小さな島全体がリゾート施設になっているんですね。もともとセントーサ島にも、いくつかのホテルがあったのですが、経営難に陥っていたそうです。ところが、IR施設が開業したことにより、これら経営難に陥っていたホテルが、見事息を吹き返ししたとのことです。IRによる相乗効果ですね。

上：リゾート・ワールド・セントーサ
下：マリナーベイ・サンズ

こちらはマリーナベイ・サンズ。この特徴的な建物は、みなさんもどこかで見たことがあるでしょう。この高層ビル最上階のプールが超有名ですね。かつてSMAPメンバーが出演するソフトバンクのCMで、このプールの景色がガンガンテレビで流れていましたね。ここには巨大なショッピング街、国際会議場、国際展示場、美術館などが併設されています。

IR施設を離れて、シンガポールの観光スポットを概観してみます。オーチャードロードという、世界一流のブランド店が集まったショッピング街。いまや観光拠点となっているマーケット。水辺のレストラン、シンガポール川には多くの遊覧船が行き交っています。

シンガポールの水辺の整備は、基本的には税投入をしないやり方だそうです。水辺はレストランやお店を出す絶好の場。そこでシンガポール政府は、水辺にお店を出す権利を民間事業者に与える代わりに、護岸整備や街路灯整備のお金を負担させる仕組みを設けています。民間事業者に一定の負担をさせる代わりに儲けてもらう。この発想は面白いと思いました。日本なら護岸整備などは公共事業として税でやりますからね。

このシンガポール的な発想と同じようなことを、大阪でもいまやっています。「民間事業者に行政財産を活用してもらって儲けてもらう。ただしその儲けの一部でその行政財産の維持管理をやってもらう」という行政手法です。典型例が「公園」ですね。

大阪という大都市にある大きな公園は、非常に不動産価値が高いんです。ところが、全国各地にある公園はみな同じ状況でしょうが、公園管理者である役所は、公園を維持・管理する発想しかありません。「きれいに、安全に」という視点しか持っていません。ゆえに公園内での商売、営業は原則禁止です。

確かに「きれいに、安全に」という視点は重要なんですが、それだけではもったいないです。民間であれば、不動産を最大限に有効活用しよう、儲けようという発想が第一ですよね。

僕は役所内で議論したうえで、役所が保有している行政財産は徹底的に有効活用しよう、その財産を民間に活用してもらおうということを大阪府、大阪市の方針として決めました。簡単に言えば、民間に行政財産を使って儲けてもらうんです。役所の公園なんかで商売してもらっては困るという認識を大転換したんです。そうしたら、次から次へと役所の現場の方からアイデアが生まれてきました。公務員って、基本的には優秀なんです。よく勉強もします。しかし前例踏襲だし、法治国家である以上ルールや秩序を重んじます。ゆえに新しいアイデアを持っていても、それを打ち出しにくい環境です。政治がその前例踏襲やルールから公務員を解放してあげると、どんどん新しいアイデアが出てくる。大阪城公園の超有効活用はその一環で出てきたアイデアです。

大阪城公園は、大阪のど真ん中にあり、豊臣秀吉の大阪城という歴史の宝庫です。現存する天守閣は昭和に入って建築されたコンクリート製のレプリカですが、見た目は「城」です。雰囲気は十分。壮大な石垣やお堀も残っている。観光拠点としては魅力満載なんです。しかし行政が管理する以上、面白さ、楽しさ、快適さを追求しない。

ここを民間に開放することにしたんです。「どうぞ大阪城公園で儲けてください。その代わりその儲けで、大阪城公園をしっかりと維持管理してくださいね」と。一定のルールのもと、公園内に商業施設などを作ることを認め、民間にガンガン儲けてもらうことにしました。

公募で事業者を募りましたら、何社からも手が挙がりまして、厳正な審査手続きで民間事業者を決めました。

そうしましたら、年間2億円以上の基本納付金と売り上げの7%の納付金を収めてくれる上で、さらにあの巨大な大阪城公園の維持管理費用まで全部民間事業者が負担するという契約が成立しました。これまで公務員のマンパワーと税金を使って大阪城公園を維持管理していたのに、役所の人的・金銭的負担が一切なくなり、その上多額のお金が役所に入ってきます。嘘みたいな話です。

民間事業者は、一定のルールに基づき、公園内に商業施設を作ってくれました。ＪＲ大阪城公園駅前は、それまでは殺風景な普通の公園の敷地だったのですが、いまや洒落た飲食街に変貌し、賑わっています。天守閣横には、廃墟ビルと化した旧陸軍第四師団司令部の建物が放置されていましたが、それを全面改修してレトロで荘厳、かつお洒落なレストランに蘇りました。それまで天下り団体などがやっていたシャビーな公園内売店は入札によって民間事業者に入れ替わりました。公園内にはバストレインが走り、サイン表示やライトアップが洗練され、楽しいイベントが目白押しです。大型バスの駐車場も便利な場所に整備され、お堀には屋形船が遊覧するようになりました。近々、劇場が３つ完成する予定です。公園全体が、歴史の重みは感じるものの洒落た明るい雰囲気に生まれ変わりました。当然、来園者は爆発的に増えました。僕が市長だった数年前に訪れた時には、多少観光客が集まるまあよくありがちな公園の雰囲気だったのですが、先日行ったときには驚愕です。完全に国際観光拠点と化して、人でごった返しています。少し前公園内の神社の敷地にあったたこ焼き屋が、３年間で１億３０００万円の脱税で摘発されて大阪でニュースになりましたが、１億３０００万円の脱税ですよ！　どんだけたこ焼きが売れてんねんってことです。それだけ観光客が集まってきているのです。

大阪城公園がうまくいきましたので、天王寺公園も民間事業者に活用してもらうことにしました。維持管理費用は民間に負担してもらう代わりに、公園で儲けることを認める。いま、天王寺公園はそれまでの汚らしい公園のイメージは完全になくなり、広大なきれいな芝生と洒落たレストランが集まる公園に変わりました。天王寺駅前、都心のど真ん中の広大な芝生広場。多くの人が寝そべったり、マットを広げてピクニックをしたり、子供たちが走り回ったりしています。汚い公園時代に入場料１５０円を取っていましたが、いまはきれいな公園になって入場無料です。もちろん民間事業者は基本納付金と売り上げ納付金を収め、その上で公園の維持管理費用も全額負担してくれています。

さらに大阪府立万博記念公園、大阪市立鶴見緑地公園も、このように民間事業者に儲けてもらって維持管理してもらう方法を採用するようです。このやり方は、今後全国に広がっていくと思います。

話を元に戻しますが、シンガポールは、観光拠点の宝庫です。空中回廊のある巨大な植物園。ナイトサファリ（夜の動物園）。隣には昼間の動物園が別にあります。ほかにインド街やアラブ街やチャイナタウンがあります。

そうそう、シンガポールのチャンギ国際空港という空港は、それじたいが巨大なショッピング街でそこにいるだけで楽しい施設になっています。いまも拡張工事が続いていて、これからできるターミナルは、世界が驚くターミナルになるらしいです。空港のすぐ隣はゴルフ場です。そして空港から市街地に入るまでのハイウェイはキレイに整備され、街路樹も完璧に手入れされています。テーマパーク内の道路みたいで、空港に着いてからホテルに向かうまでにワクワク感が高まります。

これらすべては「観光大国」という国の方針に基づいて、政策がフル動員された結果なんですよね。明確なインパクトのある方針は、きっちりと成果が出るんです。シンガポールは資源も何もない小さな島国。国の経済を回す中心に「観光」を据えたんです。シンガポールは現在でこそ観光大国になっていますが、歴史を振り返って見ると、マレーシアから追い出されるような格好で独立した国、端的に言えば無理矢理独立させられた国なんです。イギリスの植民地時代には貿易港として栄えたこともありましたが、島全体としては貧しいところでした。しかも水もないし農業をやる平地も少ない。こんな悪環境の中で、世界中の人がシンガポールを訪れたくなるような、ワクワクする観光拠点をどんどん作っていきました。中途半端なものでは人は集まりません。他を圧倒するナンバーワン、オンリーワンの観光拠点を集めたんです。

僕が言いたいことは、シンガポールがこんなに素晴らしい観光大国になることができたのであれば、沖縄もできないはずはないということです。だってシンガポールには申し訳ないが、沖縄の方がはるかに、自然が豊かで海はキレイ！　シンガポールは確かに治安はいいけど、政治体制が完全な民主体制でないことが不安だし、やっぱり沖縄と比べても気温が高すぎる。そして沖縄は、何より日本人ならではのきめ細かなおもてなしは代えがたい。完全に沖縄の方に優位性があります。あとは実行あるのみです。

沖縄が東洋一の観光リゾートを目標にするなら、シンガポールでやっていることくらいは最低限でもやらなければなりませんし、それ以上のことも当然やらなくてはなりません。そのためには、日本も大胆に一国二制度を導入して、沖縄県全体を特例地域にし、他地域、他国を圧倒するような観光関連政策をガンガン進めるべきです。

このように観光関連政策を進める武器が一国二制度なんですが、重要なことは、国会や日本政府という国自身が、本土の制度と沖縄の制度というまったく異なる二つの制度を作るという手法のほかに、国が沖縄に決定権を与えて、沖縄自らに本土ではできないことをやらせる仕組みを作るという手法もあるということです。普通、一国二制度といえば、前者を指して、国が二つの制度を作って特定の地域に「利益を与えてあげる」ことをイメージしますが、より沖縄の特色を前面に出すことができるのは後者です。国にわざわざ沖縄の特例制度を作ってもらわなくても、沖縄が自分たちでどんどん思い切った特例制度を作ることの方が断然効果があります。国が作った特例制度に乗っかる一国二制度と、沖縄が自ら特例制度を作る一国二制度。沖縄ビジョンXの実現のためには、後者を目指すべきです。

たとえばシンガポールは独立国家ですから、当然自分たちで意思決定できます。法律はもちろん、税率も、企業誘致のルールも、さらに外国人観光客の入国審査ルールも、それこそIRの開業を認めるかどうかまで、すべてシンガポール政府が決定します。ゆえにシンガポール独自の制度、政策をガンガン展開できます。公道でF1レースをやるという決定もシンガポール政府が決めることができます。

ところが沖縄で公道F1レースをやると言ったら大変な騒ぎになりますよね。まず国が猛反対します。道路交通法違反だ！　とね。

じつは大阪でも公道F1レースができないか考えたことがあるんです。いま流行りつつある電気自動車の公道F1レースというものも検討しました。でも、日本において公道レースをするのはハードルが高すぎるんです。膨大な法律の壁を乗り越えていかなければならない。こういうときは独裁国家が羨ましい（笑）。

とりあえず最初の第一歩ということで、大阪市内のど真ん中を通っている御堂筋という公道でF1マシンを走らせるイベントをやろうということになったんです。これも行政財産を民間に活用してもらう一種です。道路のイベント活用ですね。フェラーリ所有者の会のフェラーリオーナーズクラブというところが、自分たちが保有するフェラーリカーのパレードを御堂筋でやることと併せてフェラーリF1マシンを走らせてくれた。フェラーリオーナーズクラブが費用を全部負担してくれたんです。メカニックチームもF1レースの本チャンチームが来ました。もう沿道には数十万人の溢れ返る人だかりです。雑踏警備が大変でした。大阪のメインストリートである御堂筋を、あの高音のエンジン音を奏でながら疾走するフェラーリF1マシンの艶やかな姿は鮮烈でした。なんとか公道F1レースが大阪で実現しないかな。いま、大阪が官民挙げて誘致活動をやっているIRの誘致場所は大阪湾の広大な埋め立て地なんですが、そこの公道は封鎖がしやすいので公道レースを実現できるチャンスが大きいと思っています。

話を戻しますが、もし僕が法律の例外を作る決定権を持っていたら、大阪での公道F1レースを実行していました。現在の国の法律を前提とするかぎり、公道F1レースは不可能です。大阪でそれを実現するには、一国二制度が必要です。一つのやり方は、国に、大阪で公道F1レースができるような制度を作ってもらうやり方。国の制度に乗っかるやり方です。しかしこれは膨大な時間がかかるし、国会議員や日本政府がどこまでやる気を持ってくれるのか不安です。そこでもう一つのやり方。大阪府知事、大阪市長に公道レースをやる決定権を与えるのです。法律の例外を定める権限を与える。こうなればあとは大阪のやる気次第で、大阪において公道F1レースを実現することができる。そりゃ大変でしょうけどね。でも、国に特例制度を作ってもらうことを待つよりも、大阪が自ら制度を作る方が実現可能性ははるかに高い。これが決定権をその地域に渡す一国二制度のやり方です。そのような決定権を大阪に渡す法律を国会が制定すれば、憲法94条の「法律の範囲内での条例制定権」という壁は一応乗り越えることができます。

沖縄には統合型リゾート（IR）を誘致できるチャンスがある

ですから沖縄を東洋一の観光リゾートにするには、沖縄みずからに特例制度を作る決定権を与えるべきです。もちろん、このやり方は憲法94条の「法律の範囲内での条例制定権」に反しないようにやる必要がありますが。

そしてＩＲです。もともとシンガポールでもカジノ施設の開設はリー・クアンユー元首相が反対していました。ギャンブル依存症を懸念してのことです。しかし観光大国シンガポールの国家方針に照らすと、カジノ施設は人を集める施設としては非常に魅力的です。そこで、ギャンブル依存症対策をしっかりやりながら、カジノだけに特化せずに、カジノ施設に国際会議場や国際展示場、さらには美術館、そして高級ショッピングモールなどを併設した統合型リゾート施設としてシンガポールの観光拠点にしていこうという方針に転換しました。政府内で大激論があったと聞いています。外国からも人が集まるようなワクワクする施設に、さらにエンターテイメントというソフトや、家族が遊べるファミリー感も加えて総合リゾートに仕立て上げる戦略です。なぜカジノが必要かと言えば、やはりカジノ好きの富裕層は世界にごまんといますので、そのカジノ好きを集めることが目的の一つ。それと、観光客を魅了する豪華でワンダフルな施設を維持管理しようと思えばそれなりのお金がかかりますので、カジノでの儲けを施設へ再投資してもらい、貧乏くさい施設にならないようにすることがもう一つの目的です。リゾート施設というのは開業間もない頃は、ワクワク感を維持していますが、ちょっと維持管理が不十分になれば、あっという間に貧乏くさい施設に変わってしまいます。いつまでもワクワク感を維持しようと思えば、莫大なカネがかかります。そのコストを利用者に全額負担させると利用者の足が遠のきます。そこでカジノ利用者に負担させるという戦術です。そしてこれも国家戦略として重要なことですが、国の歳入増をはかるということも重要な目的です。カジノはギャンブル。カジノ運営はやっぱり儲かるんですよ。日本の公営ギャンブルだってそうです。この儲けをカジノ事業者と国で分ける。シンガポール政府にとっては重要な稼ぎ頭です。

ただ問題はギャンブル依存症に陥る者も一定数いますし、そこまでいかなくても生活費を充て込んでしまう者もいるでしょう。また反社会勢力が介入してくるリスクもあります。ゆえにこれらのリスク対策をしっかりと講じることが大前提です。

沖縄が東洋一の観光リゾートとして発展することを考えたとき、シンガポールの観光戦略は大いに参考になりますし、特に、先ほど写真で紹介しました、二つの統合型リゾート施設、「マリーナベイ・サンズ」と「リゾート・ワールド・セントーサ」からは学ぶべきところがたくさんあります。

「マリーナベイ・サンズ」は、屋上のプールじたいが観光名所になっていますが、国際会議場、美術館、映画館、ショッピングセンターなどを併せて、ビジネスパーソンを主要なターゲット層にしています。「リゾート・ワールド・セントーサ」の方は、ユニバーサルスタジオ・シンガポールや世界一といわれる水族館から分かるように、ターゲット層は家族向けになっている。

そして「マリーナベイ・サンズ」の方は、ラスベガスやマカオでIRを経営しているラスベガス・サンズという外国資本が経営し、「リゾート・ワールド・セントーサ」の方は、ゲンティン・グループというマレーシアの華人系資本が経営しています。二つのIRに主なターゲット層を棲み分けさせながら、切磋琢磨させています。

それから、ギャンブル依存症対策ですが、シンガポールはここに力を入れています。テレビや新聞、ポスターといったものにカジノの広告を載せることを禁止しています。カジノには、外国人はパスポートがあれば入場でき、シンガポール国民は100シンガポールドル（8000円から9000円）の入場料を払わなければなりません。またギャンブル依存症だという申告が本人や家族からあった場合、本人は入場できなくなります。依存症になった人の更生施設の運営まで取り組んでいます。

今般、日本においてもカジノ実施法が成立しました。沖縄だけにカジノを認める一国二制度ではなく、全国で3個所、IR営業を認めるようです。一国二制度でなくても、とにかく沖縄にIRを誘致できるチャンスが誕生しました。

このカジノ実施法は、シンガポールの法律を参考にしています。ギャンブル依存症対策として、日本国民には入場料6000円の課金と、月10回、週3回の入場制限がかかります。ところが、これらの対策はまったく効果がないと、あの大王製紙の御曹司である井川意高《もとたか》さんが指摘します。井川さんは海外ギャンブルに100億円以上突っ込んで刑務所に入ったキャリアの持ち主です。井川さんが言うには、カジノは賭ける金額に制限がないので、入場回数の制限は意味がない。回数が少なくても1回で大金を賭ければ同じですからね。また、入場料の課金は、それを取り戻そうと必死になってしまうので逆効果ということです。本人の経験からの指摘なので重みがありますね（笑）。僕は提案として、収入に応じた賭け金額のシステムを挙げました。お金を借りる時にも収入で評価を受けますから、それと同じ発想です。マイナンバー制度を使えば、きちんとシステム化ができると思います。今回のカジノ実施法にはそのような対策は明示されていませんが、井川さんはその対策は有効だと評価してくれました。そしてカジノ基本法・実施法は、カジノ事業者はカジノでの利益の30%を国に収め、それを国とカジノ設置自治体が折半するという利益配分ルールを定めています。昔は反社会団体がやっていたことを、これからは国と地方自治体がやるわけです（笑）。カジノ利益は数千億円と言われていますから、国にも地方にもかなりのお金が入ってきます。

もし沖縄にカジノを含むＩＲが来れば、沖縄にそれなりのお金が入ってきます。少子高齢化時代、税収は伸び悩む中で役所の歳出は増えます。本来であれば県民に負担を求めるか、行政サービスを削減していくかの選択になりますが、カジノの儲けで財源を補うというやり方は、ある意味少子高齢化時代における自治体運営の有効なモデルとなるかもしれませんね。

普天間基地跡地をＩＲとして開発する

普天間基地返還後の土地をどうするか？　ここの将来ビジョンを沖縄県民のみなさんに早く見せることが重要です。結論から言いましょう。僕は、この普天間基地の跡地には、先ほど述べたＩＲ施設を大々的に展開することが、沖縄の経済を大きく飛躍させることにつながると考えています。実際、牧港地区の米軍基地（キャンプ・キンザー）返還跡地にＩＲ誘致を行うような話も持ち上がったようです。牧港地区の基地返還のプロセスは確実に進んでおり、普天間基地返還のように先が見通せないという状況ではありませんし、海に面した場所で景色が最高です。ＩＲの立地場所としては適地です。それでも僕は、普天間基地の跡地にこそＩＲ誘致を柱にした将来ビジョン、すなわち沖縄ビジョンＸが必要だと思っています。

それは普天間基地跡地が高台の平地であるという地の利に加えて、沖縄問題の核心の一つである普天間基地の辺野古移設問題を早く決着させるべきとの思いからです。普天間基地は住宅地の中にあり、その危険性を除去することが喫緊の課題です。しかし辺野古移設については県民の強い反対の声があり、今回は移設反対の玉城デニー氏が県知事選挙で当選しました。単純な辺野古移設プランでは県民は納得しません。やはり辺野古に移設した後の普天間基地跡地に、沖縄県民の多くが早くそれを実現したい！　と思うほどの沖縄ビジョンＸが必要なんです。沖縄ビジョンＸを実現したいから、普天間基地を辺野古に早く移設するんだという県民意識の流れを作ることが必要であり重要です。

しかし、カジノというと、それが設置される地域の住民のみなさんの中には拒否反応を示される人も多いんですね。沖縄のみなさんもやはりそうでしょうか？　ギャンブルの悪いイメージがどうも強いんでしょう。全国の世論調査でもカジノに反対する声は７、８割ほどにのぼります。大阪では、僕が知事就任後の２００９年頃から、カジノの誘致を事あるごとに叫んでいましたから、賛成・反対がフィフティー・フィフティーに拮抗するほどに理解が広がっている状況です。

もう一度説明しますが、日本で認められるカジノとは、カジノ単体の施設ではありません。名称としては統合型リゾート（ＩＲ）と言って、カジノ施設に高級ホテル、国際会議場、国際展示場、高級ブランドなどを扱うショッピングモール、映画館、コンサートホール、劇場、アミューズメントパーク、美術館などを併せた巨大なリゾート施設のことです。面積的にはリゾート施設全体の３％ほどだけがカジノ部分です。残りの97％はリゾート施設なんです。いわゆるＭＩＣＥ《マイス》〔Meeting（会議・研修）、Incentive（招待旅行、travel, to ＵＲ）、Conference（国際会議・学術会議または Convention）、Exhibition（展示会または Event)〕施設であり、それに博物館、美術館などの文化的施設も加わっている感じです。このような統合型リゾート施設は、アジアからの観光客だけでなく、欧米からの観光客も多く訪れる傾向がありますので、沖縄のインバウンド戦略としては適格です。

普天間飛行場跡地の面積は、480・5ヘクタール（国有地：33・2ヘクタール／民有地：442・3ヘクタール）です。これは東京ドームが約103個分入るほどの超巨大な敷地です。この土地をこの統合型リゾート施設によって最大限有効活用したとすると、先ほど示した基地返還後の経済効果試算の32倍という数字どころではない、とてつもない経済効果が発生すると思います。

先ほども言いましたが、施設全体を非日常的なワクワクする空間として維持していくためには、かなりのお金を投じ続けなければなりません。国際会議場や国際展示場、博物館、美術館などは単体ではなかなか収支を合わせることは難しいですし、ホテルも豪華な仕様にしてそれを宿泊料金だけで回収しようとすれば、かなりの額になってしまいます。ゆえにそのあたりのところをカジノによる収益で賄うわけです。ただしカジノに割くのはあくまでも全敷地面積の3％分だけです。ゆえにギャンブル的な雰囲気が前面に出る競馬、競輪、競艇などの公営ギャンブルとはまったく異なる雰囲気になります。

また、カジノ文化というものが世界中にありますから、外国人の富裕層の集客が見込めることになる。当然、リゾート施設のホテルやショッピングモール、飲食店にもお金が落ちることになりますし、国際会議もどんどん開けばいいし、博物館、美術館で文化的価値のある展示品・美術品等を収集して文化的発信も盛んにやったらいいんです。経済は回るし、活気が出るし、文化的な薫りも漂う。そしてカジノ利益のうちの15%ほどがその地域の自治体に入ります。

大阪で誘致した場合の試算ですが、直接雇用だけで7万人、関連雇用を併せると10万人以上の雇用を生み、毎年1兆円の経済効果があるという試算もあります。このカジノを含む統合型リゾートを普天間基地跡地に誘致することは、沖縄を東洋一の観光リゾートにする強力なエンジンになるでしょう。その将来像が見えてくると、沖縄県民のみなさんの多くの間にその実現を期待する気運が高まってきて、普天間基地の辺野古移設の流れが起きる可能性も高まるでしょう。

この統合型リゾート誘致の話と併せて、沖縄県のみの大型減税特区も実行すべきです。それもちょっとしたショボい減税ではなく、沖縄のみの大胆な減税を実行すべきです。中国も特定地域のみを減税する特区制度をフル活用して、その地域の経済活性化を実現しています。観光地としての海南島、経済地域としての深圳などです。大胆な減税は、民間の経済活動を確実に活性化します。

政治はこのような大きな方向性を決めるところが役割であって、詳細な制度設計は基本的には官僚にやってもらえばいい。たとえば先にも話した沖縄だけ特別の消費税減税・免税政策をやろうとするなら、「どんな商品も無制限に減税ないしは0にするのか、また東京の人たちが消費税減税ないしは0の商品を買うために沖縄にどんどん来て沖縄で全て買っちゃうんじゃないか」という疑問については官僚に答えを考えてもらわなければなりません。僕は、そうなったとしてもそれはそれでいいと思うんです。沖縄まで飛行機代かけて宿泊費かけて消費税の安い商品を買いに行く人もいれば、そういうことは面倒だからちょっと高めでもいいので東京で消費税のかかる商品を買う人もいるでしょう。また沖縄に1日泊まっただけで消費税減免というのはどうなのか。何日か滞在した人にだけ消費税減免の特典を与えるのか。このようなシステムは構築可能なのか。このあたりは官僚にしっかりと制度を作ってもらわなければなりません。システムじたいはここでもマイナンバーカードをフル活用すれば十分構築できると思います。

そして先ほども述べましたが、消費税の増税対策として、キャッシュレス化と抱き合わせた5％の還元システムが構築されそうです。全国的には2020年までの期限つきの政策のようですが、沖縄は無期限にしたり還元率を5％以上にするだけで、沖縄だけの減税・免税が簡単に実現します。あとは政治のやる気だけ。

大阪にＩＲを誘致することは、大阪の成長戦略の目玉に位置づけていましたので、大阪府庁や大阪市役所はもとより、大阪市長だった僕や松井大阪府知事、現大阪市長の吉村さんは、政治行政のあらゆる方面に対してＩＲを設置するための法律制定を促す運動を行ってきました。特に松井府知事は、強固な人間関係、信頼関係のある菅官房長官と密な協議をしてきました。そのようなこともあり、全国の世論調査では反対の声が多い中で、２０１６年12月にＩＲ推進法が成立し、２０１８年7月にはＩＲ実施法が成立しました。

当初は大阪や長崎などの一部地域が、ＩＲ誘致の声を強力に上げていましたが、ＩＲが地域の活性化に非常に効果があることがだんだんと認識されるようになったことと、実際に法律が制定されたことをもって、誘致に名乗りを上げる地域が増えてきているのが現状です。菅官房長官のお膝元の横浜や東京までが検討しているとの報道が出始めました。これから誘致合戦が熱を帯び、激烈な競争となることは間違いないです。

ただ、法律が成立する前の話ですけど、僕と松井府知事と菅官房長官で話をした時に、もし沖縄が手を挙げたら、沖縄には必ずＩＲを認めてあげなければならないね、という認識で一致していました。まずは沖縄の振興、本土から沖縄への感謝です。残りの2枠で大阪はＩＲの誘致を勝ち獲るつもりでした。ですから沖縄がもし名乗りを挙げたら、沖縄は確実にＩＲを誘致できると思います。ただあまりこんなことを言って、加計学園問題みたいになってしまうのはまずいですね（笑）。厳密にいえば、法制度としては沖縄優先。しかし、具体的にどこの民間事業者がＩＲを運営するかと言えば、それは厳正な公募手続きによる、ということです。これなら沖縄を優先しても、何の問題もありません。ただしもったいないことに、玉城知事はＩＲ誘致に反対なんですよね。あー、本当にもったいない！（笑）

ＩＲに反対する人が反対理由に掲げる上位のものはギャンブル依存症への懸念、ギャンブルへの悪いイメージです。ギャンブル依存症への懸念については、先ほども述べた通りきちんと対策を講じるとして、ギャンブルへの悪いイメージについては、ちょっとヒステリックにも感じます。というのも、いまの日本にはすでにパチンコ屋さんが氾濫していますよね。

そもそもパチンコってギャンブルですか？　これはれっきとしたギャンブルですよ。それを日本政府は誤魔化しているんです。パチンコは「遊技」だと。よく夜店でくじ引きや、スマートボールがあるでしょ？　それと温泉街での射的。ちょっとしたお菓子やおもちゃが商品としてもらえるやつ。パチンコはそれと同じだと言うんです。パチンコもかたちの上では、玉と交換することができるのはパチンコ屋においてあるお菓子かおもちゃなんです。しかし、ここにトリックがある。おもちゃなどの商品・景品の中に、日常生活では絶対に使わない文鎮などが入っている。そしてこの商品・景品をパチンコ屋を出たすぐのところにある、景品交換所でお金に換える。これがパチンコをギャンブルではないと強弁するために編み出された三店方式というやつです。パチンコ屋は、かたちの上では、現金を渡していないことになっているんですよ。だからギャンブルじゃなく、遊技だと言い張っています。こんな三店方式なんて、いま、国際社会がうるさく取り締まっているマネーロンダリングの初歩的な典型例じゃないですか！　こんな分かりやすいマネーロンダリングはいまや誰もやらなくなったほどの幼稚な手法です。これを堂々とやっているのがパチンコ業界なんです。最近では衰退著しいと言われているパチンコ産業ですが、それでもパチンコ店1万店、20兆円の市場規模とも言われています。このようなパチンコ業界の幼稚なマネーロンダリングをなぜ日本政府は取り締まらないのか、なぜ大手メディアは追及しないのか。政治家の政治とカネの問題では数万円のものでも徹底追及するのに。舛添要一元東京都知事も、せこい金額の問題で東京都知事の座から引きずり降ろされました。他方、パチンコ業界にはご沙汰なし。これはパチンコ業界が警察組織の天下り先になっているからとか、パチンコ業界が政治家に政治献金をたっぷりと提供しているからとか、パチンコ業界が大手メディアの大広告主になっているからとかの話もよく聞きます。

パチンコ店の数はピーク時からかなり減ってもまだ1万店あります。街中のいたる所で目にしますよね。駅前だったり、郊外の道路沿いだったり。パチンコ店には玉を弾くパチンコ台もあれば、スロットル台、すなわちスロットマシーンもあります。この日本中に氾濫しているパチンコスロットルの台数はラスベガスのスロットマシーンの台数よりもはるかに多いらしいです。もうすでに日本はギャンブル大国なんですよ！

日本のギャンブル依存症の人数は人口の約3・6％、約320万人って言われていますけれども、そのうちの約2・9％分の約260万人、すなわちギャンブル依存症の80％ちょっとがパチンコ依存症の人たちなんです。

面白いことに、警察庁に対して「パチンコはギャンブルですか？」と聞けば、「ギャンブルじゃない。遊技だ」と答えます。ところが厚生労働省に対して「ギャンブル依存症にパチンコ依存症は含まれますか？」と聞けば「含まれる」と答えます。どっちやねん！

日本のギャンブル依存症の問題は、ほぼパチンコ依存症だと言っても過言ではありません。もうパチンコを放置する状況ではないんです。これまではパチンコはギャンブルじゃないと言い張って、パチンコ依存症を放置してきた。このツケがいま出てきています。もしパチンコはギャンブルじゃないと言い張って、ギャンブル依存症からパチンコ依存症を外してしまえば、日本は世界の中でもギャンブル依存症が最も低い国になるんです。それはおかしいですよね。

むしろ世界各国のギャンブル依存症の数字を見てください。カジノがある国の方がギャンブル依存症の数字が低い。そうなんです。カジノのある国はきっちりとギャンブル依存症対策を講じる。だからギャンブル依存症の数字が少ない。日本のようにカジノを認めないと言いながら、パチンコのようなあいまいなものを認めている国の方がギャンブル依存症の数字が高い。日本はこれまでパチンコ産業を認め、すでにギャンブル大国だった。いろいろ問題はあるが、それでもそこそこうまくやってきた。パチンコを認めたことで日本がむちゃくちゃになっているわけではありません。それ

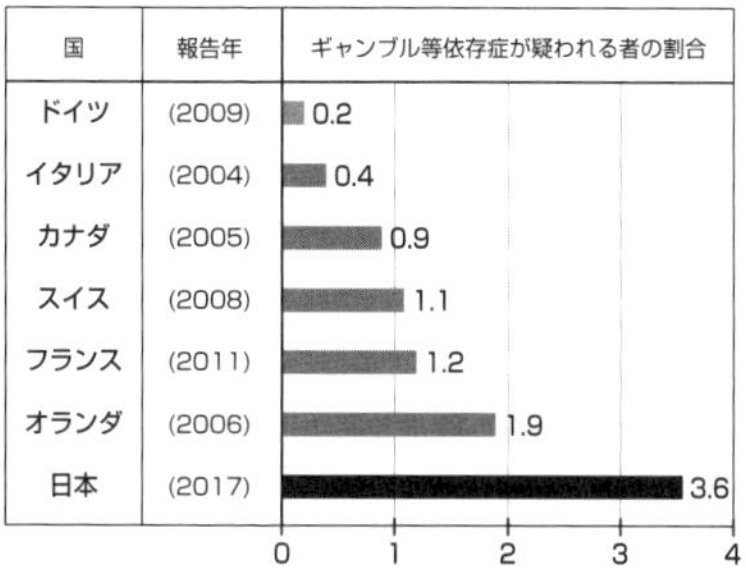

ギャンブル等依存症が疑われる者の各国の状況（国立病院機構久里浜医療センター調べ）

ならいま、カジノが来たからといって日本がむちゃくちゃになると恐れることはありません。むしろカジノの設置と同時にパチンコを含めたギャンブル依存症対策をきっちりとやれば、いまのギャンブル依存症問題は改善します。ギャンブルはダメだからカジノはダメ、と言うなら、パチンコや競馬、競輪、競艇などの公営ギャンブルも全て止めなければならない。ギャンブルは悪というこれまでのイメージをもう少し冷静に考える必要があります。

一度、シンガポールの実際のカジノ施設の写真を見てみてください。さらに、カジノ施設だけでなくＩＲ施設の全体を。パチンコ屋さんより、はるかにイメージはいいですよ。雰囲気のいいリゾート施設、おとなの社交場、国際会議などの拠点、文化の発信地なんです。そして地域の活性化に資する可能性がある。

こういうとカジノで失敗した地域の話を反対派は出してきます。もちろん失敗することもあるでしょう。でも失敗を恐れて何もしなければ新たな展望は開けません。失敗すれば修正すればいい。沖縄にも、そして日本全体にも言えることなんですが、いまの沖縄、そして日本に最も必要なのは自ら道を切り拓いていくチャレンジ精神です。

まあ大阪府知事の松井さんが、カジノだカジノだと言うと、どうしても松井府知事の風貌から、腹巻した人たちがサイコロを入れた壺を振って、「丁か半か！」とやっている博打をイメージしてしまいます（笑）。ＩＲはそうじゃない！　若くさわやかな吉村大阪市長が前面に出てくる方がいいでしょうね（笑）。

先ほど話したとおり、大阪ではバブル期に、未来都市構想として大阪湾に巨大な埋め立て地を造りました。先端企業などを集めた夢の都市を造ろうとしていたんです。ほんとバブリーです。しかしバブルが弾けて計画は頓挫します。そこで今度はその場所でオリンピックを開こうとするんです。２００８年の夏季オリンピック。結局その年は北京で開くことに決まり、大阪はオリンピックの誘致にも失敗しました。埋め立てには現在までで６０００億円ほど費やしましたが、将来の道筋も描けず土砂入れもストップ。中途半端な埋め立て地で放置されていました。そこに大阪はＩＲを誘致しようとしています。ＩＲは基本的には税金を突っ込まずに、民間事業者の開発としてやってもらいます。カジノで数千億円の利益が出ることは分かっているので、ＩＲ事業者にはそれなりの負担をしてもらいます。あるテレビ番組で東京のコメンテーターと一緒になったのですが、その人が「カジノで失敗した街は衰退していく。大阪もそうなっていいんですか？」なんて言うもんですから「あのね、大阪が誘致しようとしている場所を見たことありますか？　失敗して衰退することなんかないですよ。すでに死んでいる土地なんですから！　失敗しても、元々の死んだ状態に戻るまで。あの埋め立て地は、やるしかない」と言い返してやりました（笑）。そのコメンテーターは大阪の誘致場所である埋め立て地を見たこともなく、通り一辺倒のコメントをしていただけなんですね。

大阪は官民挙げて、ＩＲの誘致に必死になっています。大阪の経済活性化、起死回生を狙ってのことです。しかし、もし沖縄のみなさんが、ＩＲを沖縄でやらせてくれ！と声を上げれば、大阪は喜んで沖縄のみなさんにお譲りします。

沖縄が東洋一の観光リゾートになることは日本にとって本当によいことです。沖縄が元気になることが日本の元気の源になるんです。僕もいままで以上に沖縄に遊びに来ると思います。いまも日本のギャンブル好きな富裕層は、わざわざ韓国やマカオに遊びに行って大金を落としている。どうせお金を落とすなら沖縄で落としてもらったらいいんです。それに中国の大金持ち！　彼ら彼女らからお金を巻き上げたらいいんです！（笑）

沖縄南北鉄道の敷設費用を国に負担させる

普天間基地跡地ないしは牧港地区（キャンプ・キンザー）に、仮に統合型リゾート施設が来るとしましょう。ここに観光客がわんさかやってくるとしたら、その観光客を沖縄中に巡らせるような交通インフラが絶対に必要になります。経済の活性化とは、人・モノ・カネが動き回って熱を発することですから。特に人が移動することによって、お金も動きます。大量の人を沖縄に集めて、次は沖縄中を巡ってもらい、沖縄県内の各地各地でお金を落としてもらう。これが沖縄ビジョンXの柱になると思います。これまでのように、国から多額の補助金をもらい、いわゆるハコモノ施設を作ってハイ終わり、という経済政策方針から脱却しなければなりません。とにかく人・モノ・カネを動かすことが必要です。

そこでいまの沖縄に足りない決定的な交通インフラは、沖縄の南北を結ぶ鉄道ですよ。いま、沖縄に南北を貫く高速道路はありますね。しかし大量、定時、安価、安心を満たす輸送に鉄道は必要不可欠です。特に都市部の南部とリゾート部の中・北部を結び、その間のＩＲへアクセスできる鉄道は、沖縄を東洋一の観光リゾートにするためには必須のアイテムです。もう少し具体的に言えば、那覇空港、都市部の那覇、ＩＲ、リゾート部の中・北部を結ぶ鉄道。欲を言えば、那覇より南部の糸満までつながる鉄道であれば最高ですね。

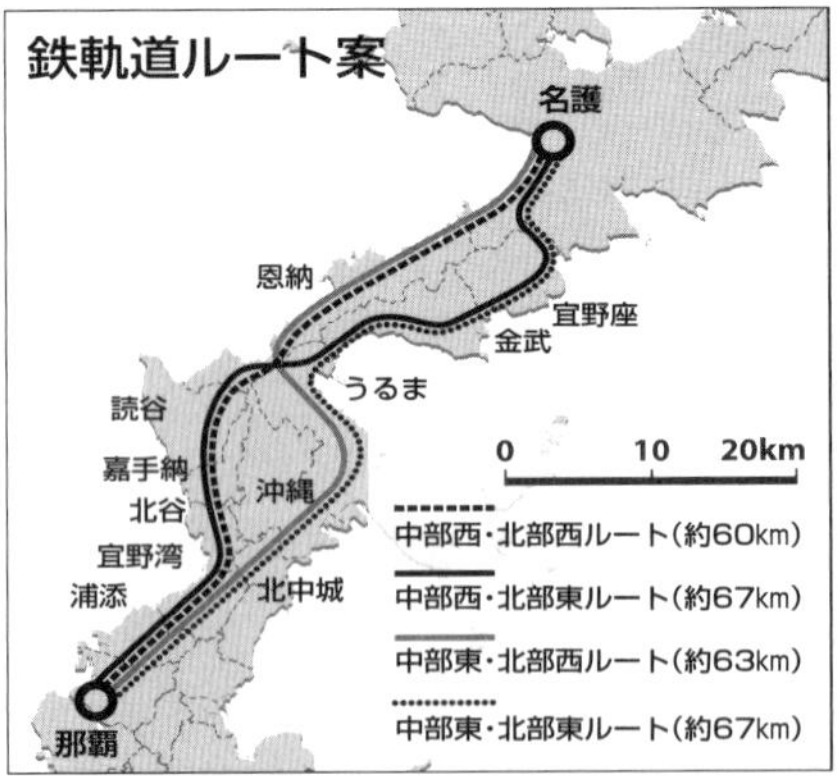

沖縄南北鉄道未来図

これは観光客の利便性だけでなく、沖縄住民の利便性もむちゃくちゃ向上させます。車も便利なんですが、駐車場が必要になるし、渋滞が発生するし、なんといっても運転者はお酒を飲めない。沖縄の渋滞はほんと酷いですね（笑）。鉄道と車のダブル輸送となれば、その地域はむちゃくちゃ便利になり、人が集まり、モノが動き、カネが動き、地価も上がっていきます。まさに経済活性化。ちなみに、那覇空港の滑走路は2本になりました。あとはこの2本をフル活用できるように滑走路の間にターミナルを建設して、飛行機が滑走路をまたがないようにすれば、就航便数や利用客数が爆発的に増えます。このようなインフラ整備も利便性向上のための沖縄ビジョンXの柱です。

以前沖縄商工会の人に、那覇の新都心に敷設した沖縄モノレールの話もしながら、沖縄南北鉄道を何でやらないのかと聞いたんです。そうしたら、「やろうとしたときもあったんだけど勢いが続かず、いつのまにか止まってしまった」と。

ここで鉄道インフラの整備で重要なポイントは、利用者を増やす政策と切り離して鉄道だけを整備すると失敗するということです。内閣官房参与という中途半端な肩書があるのですが、ここに京都大学教授の藤井聡という、とんでもない政治経済オンチの経済学者が就いています。内閣に経済政策を助言しているということですが、彼の言っていることをちょっと見れば、まあそれは酷い主張であることがすぐに分かります。日本を破滅に向かわせます。幸い安倍晋三首相や菅官房長官は、彼の言うことを聞き流しているようですが(笑)。

彼の主張には問題点が山ほどあるのですが、そのうちの一つに、とにかく借金を増やして税金を使って鉄道インフラを整備せよ、というのがあります。大阪都構想なんかは意味がない、それよりも大阪の成長戦略を実行しろ、と僕を批判する学者特有の主張です。これまで話した通り、大阪にはすでにビジョンXにあたる成長戦略はあったので、あとはそれをどう実行するかの段階にあり、実行するための「装置」が大阪都構想なんですが、藤井氏の政治オンチの頭ではそのような理解ができないようです。とにかくインフラ整備を主張します。まあ彼は理屈ではなく、同世代の大阪維新の会のメンバーが、どんどん大阪を変えていくことに嫉妬しているだけなんでしょうけど（笑）。

高度成長時代、どんどん人口も増えていく時代は、インフラを整備さえすれば、そこから様々な経済活動が広がっていきました。鉄道を敷けば、その沿線に宅地が開発されるように。しかし少子高齢化のいまの時代は違います。やみくもに鉄道を敷いても利用客が増えなければ赤字路線になるだけです。

だから税をどんどん投入して、役所の判断で鉄道を敷いていくことはご法度です。あくまでも民間鉄道事業者が黒字になると経営判断した上で、鉄道を敷いていかなければなりません。大阪の鉄道インフラ事業が停滞していたのは、大阪府と大阪市の仲が悪かったことが最大の原因ですが、加えて民間鉄道事業者が黒字になると判断できなかったことも原因です。

ゆえに鉄道インフラを整備するにしても、まずは民間鉄道事業者が黒字になるような環境を整えなければなりません。人口が増えないのであれば観光客を集めるのです。大阪は２０２５年の大阪万博が決まり、その会場にはＩＲが設置されることもほぼ決まっています。年間数千万人以上の来客が見込まれ、そのことをもって民間鉄道事業者が黒字判断をし、これまで停滞していた鉄道整備計画が一気に動き始めました。これが真の経済活性化策、ビジョンＸであり、藤井氏のようにやみくもに鉄道インフラを整備するというのは赤字路線を増やすだけでその地域や国を破たんさせます。

沖縄はいまも観光客が増え続けていますが、沖縄ビジョンＸの実行によって東洋一の観光リゾートになり、ＩＲが設置されたら、観光客は爆発的に増えるでしょう。その上での南北鉄道です。利用者を増やす政策と鉄道整備計画のワンセットこそがビジョンＸの真骨頂です。

それで厳密に計算したわけではありませんが、沖縄南北鉄道の敷設費用は、１０００億円か２０００億円、多くても３０００億円くらいの予算があればいけるんじゃないでしょうかね。いまある南北高速道路の敷地を利用して、モノレール方式にすればいいんです。大阪のモノレールも、土地買収費がかからないように、高速道路上を走らせています。モノレールでもいまの技術では結構なスピードが出るので、移動のストレスはないです。

仲井《なかい》眞《ま》弘多《ひろかず》元知事は辺野古移設との引き換えに、那覇空港の2本目の滑走路を勝ち獲りました。沖縄と日本政府との交渉次第では、１０００億円から３０００億円くらいはなんとかなるでしょう。毎年３０００億円ほどの沖縄振興予算が付いているのですから、それに１５０億円上乗せを20年間。これで南北鉄道ができるなら御の字です。そもそもＩＲを誘致すれば、沖縄に年間百億円単位の納付金が入ってくるでしょうし、国にも同額入ってきます。それを南北鉄道の資金に回せばいい。このIRから上がってくる納付金を、人・モノ・カネが動くためのインフラ整備にも回していけば、補助金頼りの沖縄経済からの脱却にもつながるでしょう。国の補助金に頼ることが少なくなれば、国から無理に基地負担を強いられることも少なくなるでしょう。

IRにはギャンブル依存症対策など対策を講じなければならないことは確かにありますが、しかし沖縄が経済的自立を果たし、沖縄の意思をしっかりと国に突きつけることのできるメリットもあるのです。国から補助金をもらえば、どうしても国に対して言いたいことが言えなくなる。そのような意味で、IRをヒステリックに拒絶するのではなく、デメリットへの対策をしっかり考えながら、沖縄ビジョンXに位置づけるべきです。

沖縄でお金さえ用意できれば、国の国土交通省が沖縄の南北鉄道計画についてとやかく口を出してくることはないでしょう。国が口を出すのは、補助金を出すかどうかの判断が必要だからです。そもそも国は、沖縄に基地負担を強いる対価として、どれくらいのことを考えているのか。

「沖縄県民斯ク戦ヘリ県民ニ対シ後世特別ノ御高配ヲ賜ランコトヲ」。この言葉を国の役人や国会議員がどこまで感じているかですよ。日本には500人も600人も高給取りの国会議員がいるんだから、財務省の役人がなんと言おうと、沖縄だけ消費税を下げる、と言えばいいだけ。役人は税の公平性とか一律性とかいろいろ言うでしょうが、そこは政治家が、沖縄だけえこひいきする、と決めればいいだけなんです。だいたい今度の消費税増税に際し、新聞の税率だけ下げるんでしょ？　食品は8%に据え置くことはまだ分かりますが、新聞が8%になる意味が分かりません。食品は全国民のためですが、新聞は新聞社のためですよ。新聞という商品に着目して減税するのであれば、他にも「これは国民にとって大切な商品ですから減税してください！」という声が、あらゆる業界団体から出てきますよ。

そんな問題のある新聞に対しての消費税減税ですが、政治の力によって実現できたんです。それなら沖縄だけの特例減税だってできるはずです。「沖縄タイムス」と「琉球新報」に聞いてみたい。あなたたちの消費税率を下げるだけで、それでいいんですか？　って。新聞だけ8%にするために、新聞業界は読売新聞を中心に政治家に相当強く働きかけたと思いますし、紙面を使って国民にアピールしていました。やればできるじゃないですか！その力を、沖縄特例減税にもっと使ってくださいよ！

沖縄だけの減税ないしは消費税0も、沖縄南北鉄道も、国会議員が気合を入れればできることなんです。官僚が猛反対してきても、最後は政治の力、国民の支えでできるんです。法律を作ればいいし、予算を組めばいい。あとは沖縄だけをえこひいきすることの全国民の理解、納得だけですが、反対する国民はほとんどいませんよ。本土の国民はみな「沖縄県民斯ク戦ヘリ県民ニ対シ後世特別ノ御高配ヲ賜ランコトヲ」の気持ちです。この気持ちが足りないのは、頭でっかちになって理屈を振りかざし、大胆な沖縄特例制度を作ることすらできない国会議員や国の役人たちくらいです。

東洋一の観光リゾート地に重要なのは「空気感」

もちろん、普天間基地跡地にＩＲを誘致したり、南北鉄道を敷設したりするだけで、一気に沖縄が東洋一の観光リゾートになるわけではないでしょう。それらが起爆剤になることは間違いありませんが、しかし観光リゾートとして最も重要な要素は、雰囲気というか、全体の空気感というか、その空間で直感的に感じるものなんですよね。これ、言葉では表現しにくいんです。

僕が知事のときに「空気感」という言葉を用いて、府庁職員に僕の考えを説明しようとしましたが、論理的に物事を考えがちな公務員にはなかなかうまく伝わりませんでしたね。それは「文化」行政についてのことでした。役所は文化行政が好きなんですが、どうしても役所の凝り固まった文化観に縛られてしまいます。僕の知事就任当時も、府庁の文化担当課は、大阪の文化レベルを上げることを使命と感じていました。その心意気やよし。しかし府庁の職員は、経済団体の幹部や、企業役員、それに学者などのインテリたちと交流することが多いので、その仲間の中での文化観だけで文化を捉えがちなんです。だからすぐに「文楽」「クラシック」「歴史」「芸術」を持ち出すんです。しかも自分たちがやっている文化行政によって大阪の文化が支えられているという自負心が非常に強い。裏を返せば、自分たちがやっている文化行政を少しでも弱めてしまえば、大阪の文化は壊滅すると信じ込んでいます。府庁の外でずっとやってきた僕が、府庁職員と話した時に、この違和感をものすごく覚えたのですが、そんな僕に対して府庁職員もそうとう違和感を覚えたようです。

府庁の外でやってきた僕からしたら、大阪府庁がやってきた文化行政など知りませんでしたし、府庁の文化行政が力を入れている文化の分野について、さほど興味を持ったこともありません。府庁が取り組んでいる文化行政とはまったく別の大阪の文化を楽しんでいるのが、多くの府民の感覚だと思うのですが、府庁職員はそういう感覚ではないんですよね。自分たちがやっていることにしか目がいかない。ここで、僕と府庁職員の間で相当ぶつかりましたね。

僕は府庁の文化補助金の出し方に疑問を持ちました。府庁が、これが文化だ！　と思っているところだけに億単位の補助金を出して、それ以外には補助金を出さない姿勢に疑問を持ったんです。もっと公平に補助金を出すべきではないか。それと文化というものは、その街の歴史・伝統・人々の感性・生活・営み、その他あらゆることが積み重なって醸し出される街の雰囲気から生まれてくるものなんじゃないか。ウィーンだからクラシック文化が育つのであって、道頓堀では違うでしょ？　だから大阪って本当にクラシック文化が根づくところなのか。

文化って、これが文化だぞって無理やりその街の住民に押しつけるものではないと思うんです。その街の雰囲気から湧き出てくるものだと思うんです。この街の雰囲気を「空気感」と表現しました。そのような意味で、大阪の空気感から「お笑い」文化が生まれ育つのは当然のことだと思います。他方、その街の「空気感」に合わないのに、インテリたちに受けのいい文化を無理矢理育てようと思っても住民がついてきません。

現代アートを、大阪府庁関連のビルの全く目立たない一室で展示する事業などに、当時の府庁文化担当課は力を入れていました。職員が必死になってやっていることは分かるのですが、府民880万人に向けての文化行政としてはどうなのか、文化担当課の職員の狭い世界の中だけで自己満足しているのではないかと当時知事としての感覚で感じましたね。

そこで僕は、大号令をかけました。「大阪の特徴を前面に押し出し、大阪という街を感じてもらう事業を展開する。大阪の空気感を作る。そして空気感の重要な要素は景観だ。大阪の街の特徴の一つに、川と橋がある。これをきれいに飾って、大阪の街の空気感を打ち出す！」

これが、川と橋をライトアップする事業のきっかけでした。

しかし府庁職員からは著しく不評でしたね。現代アート事業、その他府庁がこれまでやってきた文化事業のお金を、川と橋のライトアップ事業に回すのですから、猛反発です。職員としてはこれまで自分がやってきたことを全否定されたと感じたんでしょう。

「川と橋をライトアップすることに何の価値があるのかまったく分からない！」「これま

で府庁がやってきた文化事業の予算を減らせば大阪の文化は破滅する！」などなど僕への反発の嵐です。これは自分のやっている事業の予算を減らされそうになっている公務員がいつもする反応ですね（笑）。

まあ、ここは政治家の政治感覚が試されるところです。もちろん政治家の感覚がすべて正しいわけではありませんが、何度も言ってますけど、役所のこれまでの慣行を変えるのは政治の力しかありません。

最初、僕が大号令をかけたときには、職員も渋々取り組んでいたような感じでしたが、一つ、二つとライトアップされる個所が増え、府民からの反応が非常によくなり、これまで川に背を向けて、川側は配管だらけだった川沿いのビルが、ビルの顔を川の方に向けるようになりました。川側のむき出しの配管は見えないように収め、川側の面をきれいに塗装、装飾し、一階に飲食店などがどんどん入ってきたんです。

それに呼応して、さらに川と橋のライトアップ、護岸のライトアップを進めました。二桁億のカネを投じました。僕の意図を理解してくれる職員もいれば、反対する職員もいましたね。でも新しいことにチャレンジするのに全員が賛成するということはありませんから反対の声を気にしても仕方がありません。あとはトップとしての責任でやるしかないです。そして大阪の川沿いがどんどんきれいになっていくにつれ、川沿いにレストランのテラスができ始めます。川沿いの周囲のビルもライトアップをし始めました。

大阪はもともと「水都大阪」というイメージを売り出そうとしていて、知事就任直後、一度水都大阪を味わってほしいということで遊覧船に誘ってもらったのですが、そのときは川沿いが真っ暗で面白くもなんともありません。水都大阪！　と役所や経済団体が旗を振っているだけで、府民はまったくついてきていない状態でした。遊覧船も役所や経済団体がチャーターしたもので、遊覧船事業が民間事業経営として成り立っているような状況ではありませんでした。交流のあった著名なテレビタレントさんですら、「水都大阪」という言葉を知らなかった。ある意味府民感覚の代表者であるタレントさんの感覚は非常に重要です。その話を職員にすると、幹部たちは「タレントの意見なんか意味はない。重要なのは経済団体の幹部や企業役員、大学学長の意見だ」という感じでした。

それが、いまどうなっているか。一度大阪に来てください。川沿いを見てください。これが水都大阪だ！　という空気感を感じてもらえると思います。民間事業として遊覧船が行き交い、デザインとしても素晴らしい橋がきれいにライトアップされ、歴史的な建築物や現代的な建築物もライトアップされています。川沿いのレストランも賑わい、ちょっと高級感のあるレストラン船も行き交っています。こういうところから、何らかの文化が生まれ、育ってくれたらいいですね。時間はかかるでしょうけど。

やっぱりこのような街の空気感というのがほんと重要ですよね。パリならパリ、ロンドンならロンドン、ローマならローマの空気感がある。ヴェネツィアなんて空気感の塊のような街ですよね。ところが日本の街は、日本全国どこも同じような空気感です。沖縄が東洋一の観光リゾートになるというのであれば、沖縄の空気感を前面に押し出していかなければならない。これを醸成するのはほんと難しいんですが、ここが勝負どころです。

北谷のアメリカンビレッジ

空気感とは街の雰囲気です。そしてその重要な要素は先ほども言いましたけどやっぱり「景観」ですよね。京都市の屋外広告物規制条例は、京都の空気感を出すためのものとして僕は大賛成です。しかしそれは京都の話であって、大阪に通用するものではないと思います。

沖縄はどうでしょう？　北谷《ちゃたん》や天久《あめく》の基地返還跡地

がありきたりの商業地やショッピングモールになってしまっていませんか？　沖縄の人にとっては便利な施設かもしれませんが、沖縄の外の人たちが、あそこに沖縄の空気感を感じることは少ないでしょう。これは沖縄の空気感を考えた開発になっていない証です。

沖縄の残念なところは、街並みの景観、雰囲気、空気感が悪い。特に建物の雰囲気がですね。街並みというのは豪華絢爛でなくていいんです。古くても味わいがあれば、それが魅力的な空気感になります。岐阜の妻籠《つまご》、馬籠《まごめ》は有名ですが、宿場としては長野の奈良井宿《ならいじゅく》、愛媛の内子《うちこ》なんかもいいですよ。独特の空気感です。僕はヴェネツィアが大好きですが、キレイか汚いかと言えば、汚いです。でも人を引き寄せる空気感があります。

チンクエ・テッレ

沖縄の景観、建物の雰囲気。コンクリート製でもいいんですが、もう少し何とかならないでしょうか（笑）。傾斜地に建物が密集している雰囲気は、イタリアのアマルフィもそうです。しかしアマルフィは世界でも有数のリゾート地となっています。チンクエ・テッレもあの建物のカラフルさには物凄い空気感がある。

アマルフィやチンクエ・テッレの建物の質は沖縄のそれと変わりません。違いは空気感のみ。沖縄の建物にそのままカラフルな色を塗るだけでも、チンクエ・テッレの空気感にそこそこ近づけそうです。沖縄も数千億円レベルのお金をかけて、東洋一の観光リゾートの空気感を作り出すべきです。これが沖縄ビジョンXの柱の一つです。

北部、中部はリゾート地の雰囲気が満載ですが、もっと徹底してほしい。那覇中心部の牧志公設市場の界隈もいい雰囲気です。その裏の「やちむん通り」界隈なんてザ・沖縄じゃないですか！　もっともっと徹底して島全体に空気感を出してほしい。シンガポールなんて島全体が空気感に満ちています。

経済活性化は、民間事業者にまかせるのが肝だ

沖縄ビジョンXは、大胆な一国二制度によって沖縄に特例を用いて、東洋一の観光リゾートにするというものです。もちろん国の補助金も活用します。しかしそれは、人・モ

ノ・カネを沖縄の中で動かすことを目的とするもので、ハコモノ施設を作ることが目的ではありません、これまでの沖縄振興策は、公共工事をやることが目的となってしまい、いわゆるハコモノ行政が中心となっていたと思います。施設やインフラを作るにしても、人・モノ・カネを「動かす」ことを目的としなければなりません。そして人・モノ・カネを動かす主体は民間であって、行政の役割は民間が活動しやすくするための環境整備に徹することです。行政みずからが経済活動の主体になろうと思ってはなりません。IRについても、もちろん役所が運営するわけではありません。役所は、民間事業者がIRを運営するための環境整備、規制の制定、許認可の付与、ルール違反のチェックに徹するべきです。そして大規模施設の建設・開発も民間事業者の責任でやってもらうべきなんです。税の投入は基本的にはありません。確かに交通インフラ整備は役所が旗振りをしなければ進まないところはありますが、しかし鉄道事業などは先ほども述べたように民間経営で黒字化になることが大前提です。他方、街の景観、雰囲気、空気感づくりは、行政が規制を使いながら主導しなければできないことでもあるでしょう。

行政は民間の経済活動の環境、すなわち民間に儲けてもらうための環境を整えるところまでです。あとは民間に思いっきり経済活動をしてもらい、儲けてもらう。そして税を納めてもらい、その税でまた民間に儲けてもらうための環境を整えていけばよい。行政が環境を整えたら、あとはその環境をフルに活用してもらって、民間に頑張ってもらわなければなりません。これが経済政策の基本です。

行政が鉄道インフラを整えたら、民間企業に魅力ある観光拠点を作ってもらい、この鉄道インフラをフルに活用してもらい、人を集めたり、人を動かしたりしてもらわなければなりません。行政がビザ緩和などで日本を訪れる外国人観光客全体の人数を増やしていけば、今度は各地域の民間企業がその外国人観光客を自分たちの地域に引き寄せるための努力をしてもらわなければなりません。そしてその外国人観光客相手にガンガン商売をしてもらわなければなりません。そこは民間の力です。僕が大阪市長に当選した2011年頃は、大阪中心部の心斎橋筋商店街も道頓堀界隈も、どこもかしこも閑古鳥が鳴いていました。それがいまや満員電車状態です。大阪城公園も人で溢れ返っています。たこ焼き屋が3年間で1億円以上の脱税をやって捕まるくらいの勢いですから(笑)。

閑古鳥が鳴いていた道頓堀のすぐ横にある黒門市場も、世界の潮流に従い、イートイン、すなわち食べる市場として完全復活しました。外国人観光客相手に大流行りしています。もう市場は売るだけではダメ。ロンドンでもパリでもフィレンツェでも、市場は巨大なレストランと化しています。日本の市場も金沢の近江町市場をはじめイートインに転向しているところは大流行りです。沖縄の牧志公設市場は、昔からイートインでしたよね？
僕がかつて住んでいた地域の、どうってことない普通の商店街やそこにある外国人向けの宿泊施設は、お客が減って経営が苦しくなってきた銭湯とタッグを組んだんです。銭湯を外国人に無料開放した。そしてその財源は周辺の宿泊施設や商店街などがサポートするんです。

そうしたら外国人にとっては銭湯が物珍しくてしょうがないんでしょう、ツイッターなどのSNSで噂が広がり、大量の外国人観光客が押し寄せるようになりました。あの脱衣所の昭和の感じ、広い洗い場と湯舟、そしてなんといっても壁にかかれた大きな富士山の画。外国人は楽しくてしょうがないらしいです。しかも無料。そりゃ、押し寄せますよね。そうなると銭湯周辺の外国人向け宿泊施設は儲かるし、その状況を聞きつけた賢い商売人は宿泊施設を新たに建設します。周辺の飲食店などは、その外国人をターゲットに商売をします。ほんとイイ循環になっている。ゴーストタウン化していた数年前の様子が想像もできないような状況になっているんです。

補助金を切れば知恵が生まれる

この時の重要な政策ポイントとして、僕は商店街や銭湯に対する補助金を削減しにいったんです。当時の商店街振興策、銭湯振興策は、とにかく税による補助金を出すことでした。これは全国どこでも一緒だと思います。毎年毎年、予算の時期になると、商店街補助金を増やす必要性、銭湯補助金を増やす必要性について、業界団体から要望を受けた市役所の担当部局などがそれらしい資料を市長である僕のところに持ってくるんです。

これまで役所が商店街補助金や銭湯補助金をずっと出し続けてきた結果、商店街や銭湯はどうなりましたか？　衰退の一途でした。それでも毎年、補助金増額の話ばかり。補助金で事業が活性化することはありません。あくまでも民間の創意工夫が活性化の素です。じつは関西国際空港もかつては補助金に頼る経営で、一向に活性化の兆しが見えなかったんです。いまでこそ成田の営業利益を超えるようになり、過去最大の利用客数となっている関空ですが、僕が知事に就任した２００８年当時は、就航便数や利用客数が少なくてどうしようもなかった。そして毎年恒例の補助金。毎年、国から200億円近くの補助金が出ていました。さらに関西の自治体からも合計で10億円近くの補助金。それでも関空は一向に経営改善しないんです。

僕はまずは関空の補助金を0にするように財務省にお願いして、関空や国土交通省に危機感を持ってもらうようにしました。そして当時の前原誠司国土交通大臣の知恵と工夫で練り上げた関空・伊丹空港統合＋運営権民間売却案なるもので、見事に関空は復活したんです。ＬＣＣ（格安航空会社）と貨物の拠点空港という関空の位置づけを明確にし、空港ターミナルでの物販飲食サービスで儲けて、航空会社の離着陸料コストを下げ、就航便を集める。いまは補助金なんかなくてもきちんと営業をしています。

それまで国営空港だった伊丹空港も完全民営化となって、これまでとは全く異なる空港になりました。南北に離れて別れていたＪＡＬとＡＮＡの出口が二階の真ん中で一本化されました。そしてその出口扉を出ると、そこには洒落たショッピング街が待ち受けています。

さすが民間経営ですよね。ＪＡＬとＡＮＡで出口が別れていたら、お店もそれぞれにばらけるし、店の前を通るお客もＪＡＬとＡＮＡの客でばらけてしまう。昔は、大阪名物、豚まんの551蓬莱の店もＡＮＡ側の出口にしかなく、ＡＮＡのお客さんだけを相手にしていました。

倒産のリスクがなく、必死になって売り上げを伸ばす必要のない国営伊丹空港だった時には、誰もそのような状態を変えようとしなかったんです。しかし、補助金もなくなり、自分たちで経営努力しなければならなくなった新生民営伊丹空港は、出口を一本化すれば、客の流れが倍になることを見逃さなかった。そしてその上で、ショッピング街も一本化。いま、出口扉を出たところに豚まんの蓬莱のお店がありますが、かつてと比べて客足が倍になっています。いままではＡＮＡのお客しか相手にできなかったのが、今度はＪＡＬのお客も相手にできるんですから。お店の前はいつも大行列ですよ。その他空港施設に投資して、これまでの共産国家の空港のような寂れた雰囲気から、洒落た雰囲気に一気に変わり、レストランも大流行り。空港に遊びに来るだけの人も増えたようです。まさに空港の空気感が変わったんです。物販・レストランで利益が上がって、空港の利益が上がれば、それを飛行機の離着陸料の引き下げに回し、航空会社のコストを下げて、さらに就航便数を増やす。これこそがザ・民間経営です。

国営空港だった時に放ったらかしにされていた、タクシーターミナル、バスターミナルも見事に整理されました。それまで結構な利益が上がっていた駐車場や、飲食店が集まるターミナルビルは、それぞれが天下り団体になっていて、その利益が天下りの懐に消えていました。ところがいまは、それらも全て新生関空・伊丹統合会社に一本化させて、その利益を新生会社に経営合理的に使ってもらうようにしました。このようにして天下りの懐に消えていたお金が、空港施設への投資に回るようになったんです。

商店街だって銭湯だって関空だって、補助金がなくなれば自分たちの知恵で創意工夫するしかありません。全国どこでも同じだと思いますが、商店街振興策と言えば、年末の餅つき大会、夏の夜店、福引セールにカラオケ大会などの一過性のイベントへの補助金ばかりです。それも毎年同じイベント。そんなことで商店街が活性化するわけがありません。ほんと補助金って麻薬みたいなものです。これにいったん浸かってしまうと、もうあとは補助金の増額しか言わなくなります。補助金に頼らない民間経営が活性化の肝ですね。

牧志公設市場の界隈が、いま、「千べロ」というので賑わっていますね。1000円で、3杯のお酒とアテ一品。僕は沖縄から大阪に帰る日によく寄ります。3軒も回れば、かなりベロベロです。そのままベロベロで大阪に帰りますが、これだと3千ベロですね（笑）。これも補助金による活性化ではなく民間の知恵による活性化。こういう動きの積み重ねと広がりが大事ですね。

日本全体で観光客を増やすための法制度を整えたり、人が活動するための交通インフラ整備を整えたりするのは行政の役割です。ビザ緩和や鉄道整備計画なんかは行政の役割ですね。しかし、その環境を利用して人・モノ・カネを動かしていくのは民間の役割です。

そういう意味で、沖縄振興補助金の年間3000億円の使い方は、ちょっともったいない気がします。先ほども言いましたが、場当たり的に施設、いわゆるハコモノを作っていませんか？　これは沖縄にビジョンXがないからです。大きな方向性をしっかりと打ち出し、それに向けてドンとお金をつぎ込むという政治行政になっていないからです。沖縄を東洋一の観光リゾートにするという目標を掲げ、それに向けて沖縄振興補助金を投じていく。地域住民のための公民館などはちょっと後回しでいいんじゃないでしょうか？　観光リゾート地として沖縄経済が自立的に回り始めるまでは、学校の教室、体育館などを公民館として使い、その分、沖縄南北鉄道や沖縄の空気感づくりにお金を回していく。そのような沖縄ビジョンXの取り組みが必要だと思います。

沖縄にはすでに国際都市形成構想というものがあります。これをもっと大胆な一国二制度にブラッシュアップし、東洋一の観光リゾートを目指すという強烈な方針に仕立て上げる。これが沖縄ビジョンXです。

沖縄の選挙結果を受けて僕は持論を変えた

さる2018年9月30日、普天間基地の辺野古移設に反対する玉城デニー氏が、安倍晋三政権と与党自民党・公明党が総力を挙げて応援した佐喜眞《さきま》淳《あつし》さんを破り、沖縄県知事選挙で初当選しました。玉城さんは、亡くなられた翁《お》長《なが》雄志《たけし》前沖縄県知事の沖縄県政を継承すると言っています。つまり、安倍政権の普天間基地の辺野古移設方針に対して徹底的に争う決意のようです。

沖縄のみなさんには申し訳ない気持ちと感謝の気持ちでいっぱいですけど、僕は、普天間基地の辺野古移設には賛成の立場です。とにかく普天間基地の危険性をあの地域から除去することと、基地跡地の活用策で沖縄を活性化させることのためにです。何事も第一歩を踏み出さないと次につながりませんから、辺野古移設を進めたうえで、さらなる沖縄の基地負担軽減策を検討するなかで将来の県外移設を考えていくというのが現実的ではないか。何度も言いますけど、政治は評論とは違います。評論は理想を語ればいいだけですが、政治は実行しなければなりません。実行するためにはプロセスというものを考えなければなりません。朝日新聞や毎日新聞、そして両新聞と同じ思想傾向のインテリたちは、原発を即時0！　と叫んでいますが、じゃあそれをどうやって実行するかについてはノーアイデアに等しい。原発を0にすることは理想かもしれませんが、即時0というのは現実的ではないですよね。0に向けて実行プランを作ることこそ政治の役割なんです。そして原発0というゴールにたどり着く過程で一定の原発が残ってしまうのはある意味、仕方がありません。重要なのはいつどの時期にどうやってゴールにたどり着くのか、そのプランをきちんと作ることです。

沖縄の基地負担軽減も同じです。現在、本土にも米軍基地はありますし、自衛隊基地や、自衛隊と米軍の共同利用基地を合わせると、本土にもそれなりの基地があります。GHQが日本を占領し、日本が独立を果たすまでの歴史的経緯や日米安保条約を前提とするかぎり、日本から米軍基地を完全になくすことはなかなか難しいでしょう。そうであれば、日本にどれくらいの米軍基地を置くべきなのか。そして、そのうちどれほどの基地を沖縄に置くべきなのか。前にも述べましたけど、沖縄だけの過重な負担を避けて、日本全体で公平に負担することを考えたとしても、地政学的観点、軍事的視点に立てば、沖縄が国際

米軍普天間基地（沖縄・宜野湾市の嘉数高台公園）提供 時事通信社

政治上の要衝の地として重視されることに変わりありません。そのような見地を踏まえて、日本における米軍基地の在り方の最終ゴールをしっかり見据えなければなりません。米軍基地の縮小についても、米軍専用基地、自衛隊との共同利用基地、そして完全なる自衛隊基地への移行などさまざまなパターンを考えながら、日本における米軍基地の全体量を考えなければなりません。まさにこのようなことを考えて日本における米軍基地の在り方について結論を出すのが国会議員の仕事だと思います。その最終ゴールに向けて、次に、実行プランを考える。細かく期限設定をしなければ事は動きません。先に述べた2006年に策定された「在日米軍再編実施のための日米ロードマップ」は実行プランの一つですが、これに欠けているのは、日本における米軍基地の在り方の最終ゴールが示されていないことです。このロードマップは、沖縄の負担を軽減させる策として一定有効なものだと思うのですが、とりあえず的なもので、最終ゴールが示されていないがゆえに、沖縄のみなさんは十分に納得ができない。辺野古移設が最終ゴールではなく、暫定的なものであるということが明示されれば、最終ゴールに向けてまず辺野古移設という第一歩を踏み出すことに、沖縄のみなさんも、ある程度理解してくださるのではないでしょうか？

そして、「このような日本の安全保障の根幹にかかわる問題は、国政選挙で日本国民全体の意思を問うて決定していくものであって、地元の首長選挙で決めるものではない。沖縄県民のみなさんには大変申し訳ないですが、日本の安全保障のためには、沖縄に基地設置を認めてほしい」……これが以前の僕の持論でした。ただし、このように言えるのは、自分の家の近くに基地が設置されるわけではないからだと思います。無責任な言い分であることは承知の上での持論でした。

ところが、前回の翁長雄志さんが当選した知事選に続いて、今回の知事選においても、普天間基地の辺野古移設に反対である沖縄県民の意思が明確に示されました。

国の安全保障政策が、地方の首長選挙の結果によって左右されることは避けなければなりませんが、しかし、米軍基地問題は、日本の国全体の安全保障政策の問題であるにもかかわらず、その現実的な不利益は地元のみに大きく覆いかぶさります。したがって地元の意思を完全に無視するわけにもいきません。僕は、普天間基地の辺野古移設には賛成と言いましたけど、後で詳しく述べますが、辺野古移設を強行に進めることに対しては反対の考えにいたりました。

なぜなら、僕は選挙結果を重視するからです。選挙至上主義だと散々批判を受けましたけども、選挙を否定したら民主主義は成り立ちません。国民の教育レベルが高い成熟した民主国家においては、政治家や官僚などの一部のエリートが考えていることが絶対的に正しいというわけでは決してありません。最後は国民全体の判断にまかせた方が落ち着くところは落ち着くし、なんといっても失敗したときに国民全体の納得感につながります。ゆえに複雑かつ困難な課題になればなるほど、どちらの選択肢を選ぶのかは、選挙などを通じて国民にまかせそれに従うべきだと思います。

選挙結果の尊重こそが民主主義

これだけ複雑化した現代社会において、何が正解かは分からないから、できるかぎり正解に近づけるようにプロセスを踏んでいく。このプロセスの一つが選挙だと思います。ゆえに選挙で出た結果は、一応正解であるものと位置づけ、次の選挙まではそれに従わなければ選挙の意味がありません。もし選挙結果をひっくり返したいのであれば、一部のインテリの声に流されるのではなく、次の選挙できっちりとひっくり返さなければならない。これが民主主義の基本だと思います。

この点、選挙結果を自分に都合よく利用する者がいますが、そのやり方には反対です。今回の玉城さんの沖縄県知事選の勝利を受けて、辺野古移設に反対の朝日新聞や毎日新聞は、社説などで「沖縄県民の声を聞け！　選挙結果を重視しろ！」と大喜びで書きました。でも、こういう人たちは、自分たちが望まない選挙結果となり、気に食わない政党や政治家が選挙で勝つと「選挙の結果がすべてではない！　反対の意見もあることを謙虚に受け

取めよ！」とか言うんですよね。選挙結果を重視するのか軽視するのか、いったいどっちやねん！（笑）

安倍政権が選挙で勝つたびに、そんなことが言われていましたし、僕が選挙で勝ってもそうでした。「選挙の結果がすべてではない！」「橋下に票を入れた者でも橋下の政策に全て同意しているわけではない！」――これは自称インテリのお得意のフレーズですが、それなら今回の玉城さん勝利の選挙結果でも同じことを言わなきゃいけないですよね。「玉城さんが勝ったとしても、辺野古移設には賛成で玉城さんに票を入れた人もいるだろうし、もちろん辺野古移設賛成で佐喜眞さんに入れた人もたくさんいる。だから選挙結果がすべてではない！」とね。

結局、自称インテリの人たちが自分の望まない選挙結果になったときに使う、選挙結果がすべてではない！　というフレーズは、最悪のフレーズなんです。選挙結果を否定してしまったら、民主主義などそもそも成り立たなくなりますし、自称インテリたちにとっても自分たちが望む選挙結果になったときに、その結果を否定する理由に使われてしまいますから。

選挙結果というものは、自分の望むもの望まないものにかかわらず、それを最大限尊重するというのが、民主主義のイロハのイなんです。今回の玉城さん勝利の選挙結果をもって、沖縄県民の声を聞け！　と叫ぶ自称インテリたちは、今後は、自分たちの望まない選挙結果となってしまっても、選挙結果を否定するような発言をしてはいけません。

では選挙結果にきちんと配慮する立場からは、今回の玉城さん勝利の選挙結果を受けて、普天間基地の辺野古移設問題をどのように解決していくべきでしょうか。

安倍政権が「沖縄県知事選は県政の方針を決めるものであり、国政には関係ない」と、沖縄知事選挙の結果を無視して突っ走ることは控えるべきです。米軍基地問題などの安全保障政策は国政で決めるものという理屈は確かにその通りなのですが、二度の沖縄知事選挙の結果を完全に無視するわけにはいきません。この点、二階俊博自民党幹事長は「沖縄県民の審判を厳粛に受け止める」とコメントしました。

他方、僕は、普天間基地の辺野古移設に執念を燃やしてきた菅官房長官の、沖縄基地問題への取り組み方には賛成でした。菅官房長官は、メディアや自称インテリたちから強い批判を浴びても、沖縄県と法的に徹底的に争うことも辞さず、ルールに基づいて移設を進めてきました。それはとにかく普天間界隈の危険を取り除くことを第一に考えての政治的行動だったと思います。

しかし、やはり沖縄県知事選挙の結果を受けて、ここは日本政府はいったん立ち止まるべきだと思います。ただしそのことは、普天間基地の辺野古移設をただちに諦めるということではありません。

普天間基地の辺野古移設問題がなぜこのようにいつも紛糾するのか。この根源的な原因を考えて、それに対する対応策を考えるべきだと思います。単純な辺野古YES、辺野古NOを越えて、沖縄問題の根本を解決すべき手法を考えるべきです。

「手続き法」の制定こそが、沖縄問題の解決の切り札

結論から言えば、その解決策とは「手続き法」の制定にあると考えます。

国や地方自治体である行政が何か施設を作るとき、それも小さなものではなく、巨大なインフラであったり、さらにそのような個別の施設をこえた街づくりの計画にあたる都市計画を作ったりするときには、住民の意思を完全に無視して一方的に勝手に作ることはできません。

つまり、そのようなときには、住民の意思を何重にも確認していく手続きを踏むことを求められます。都市計画の決定にあたっては、公聴会を開き、計画案を縦覧に付し（住民が見ることができるようにし）、住民の意見を受け付け、さらに審議していきます。意見の受け付けについては、法律だけでなく市町村の条例などでも詳細に定められています。

米軍基地というものは住民生活に多大な影響を与える施設であるし、ここは僕は大いに問題があると思っているところですが、地方自治体の行政権のみならず日本政府の行政権も及ばない治外法権的な施設になっています。地方自治体はもちろん、日本政府であっても、米軍施設に立ち入り調査などはできないし、米軍の訓練に制限をかけることもできません。

こんな米軍基地を、日本政府という行政が、住民の意見をしっかり聞く手続きを踏まずに、一方的に作ったり、移設したりすることが許されるのでしょうか？

いまは、米軍基地をどこに設置するかは、日本政府が一方的に決めることができることになっています。ここが、普天間基地の辺野古移設がずっと紛糾し続ける根本原因であり、ひいては沖縄の基地問題の根源的原因だと思います。

先日、憲法学者の木村草太さんと憲法について対談を行いました。木村さんは沖縄の基地問題に強い問題意識を持っており、米軍基地を日本国内のどこかに設置するには、憲法92条に基づいてその自治体を対象にした個別の法律を作り、政府に法律上の設置権限を与えなければならない、との意見でした。つまり米軍基地を設置するのは、その都度法律を制定しなければならないという考えです。そうすると特定の自治体を対象にする法律を作るには、憲法95条によって、その自治体において法律制定の可否を決める住民投票を実施しなければならなくなります。

すなわち木村理論でいけば、沖縄県、もっと細かく言えば沖縄県内の市町村に米軍基地を設置するには、沖縄県や沖縄県内の市町村における住民投票を実施しなければならなくなります。この住民投票でしっかりと住民の意思を確かめようとする考えです。知事選挙や市町村長選挙とは異なり、住民投票で基地設置の法律案が否決されると、そのことによって基地は設置できなくなります。これは憲法95条の効果です。ゆえにこの住民投票は、知事選挙や市町村長選挙よりも強烈な威力を発揮します。

僕は、この木村理論は傾聴に値する意見だと思います。

ただし、木村さんの考えでも、米軍基地が治外法権的な施設ではなく、日本政府や自治体の行政権がしっかりと及ぶ施設になれば、憲法92条に基づく個別の法律は不要になるらしい。そうなると憲法95条に基づく住民投票も不要になります。しかしそのためには、米軍基地に対する政府や自治体の行政権を制限している日米地位協定の抜本的な改定が必要になってくるのです。

日本全国を対象にした「手続き法」で国会議員を本気にさせる！

僕は米軍基地の設置について、すべて地元住民の住民投票で決するということには反対だし、ここは憲法92条の解釈について木村さんと意見の違いのあるところです。しかし、僕と木村さんで意見が完全に一致したのは、特定の自治体を対象にした法律ではなく、日本全体を対象にした米軍基地を設置するための「手続き法」＝米軍設置手続き法が必要であるという点です。

ポイントは、特定の地域に米軍基地を設置することをねらった法律ではなく、この法律に定める「一定の手続きを踏めば」日本中のどこにでも米軍基地を設置できるという一般的な法律であるということです。これで、沖縄と本土が完全に公平な扱いになります。一般的な手続き法を使って沖縄と本土を法制度上同一環境にするのです。そしてこのような一般的な法律であれば、憲法95条に基づく住民投票は不要となります。

いま、沖縄を除く全国の知事や市町村長の中で、自分のところに米軍基地を設置してもいいと明確に主張している人はまったくいませんね。「沖縄の基地負担は何とか軽減しなければならない！」と、みな、口ではかっこいいことを言いますが、「自分のところが引き受けてもいいよ」とは絶対に言わないんです。腹の中では、自分のところに基地が来ることには猛反対だと思います。

僕は大阪府知事のときに、当時の鳩山由紀夫首相に対して、「政府から提案があれば、沖縄県での米軍の訓練の一部を関西国際空港で引き受けることも考えますよ」と主張しました。

当時の関空は、いまのように利用客で溢れ返っている状況ではありませんでした。利用客の低迷にあえぎ、国からは年間200億円近くの補助金をもらい、関西の自治体からも補助金をつぎ込んでもらってなんとかやっている状態でした。

当時鳩山さんは、普天間基地を沖縄県外に移すことを衆議院議員総選挙の公約にしてしまったので、その実現に苦しんでいる状況でした。沖縄県の負担を軽減しなければならないという鳩山さんの思いに僕は共感していましたが、当時大阪府庁の職員に、米軍訓練の関空受け入れ策の実現可能性を探れるような人材はいなかったので、まずは政府から提案して欲しいと言ったんです。結局政府からは何の提案もなく、関空はその後、先ほど述べた通り伊丹空港と経営統合し、完全なる民間運営の経営形態に変わって、いまや成田空港よりも営業利益が上になるような超優良旅客・貨物空港になったので、いまや米軍の訓練を引き受けることは不可能になっています。

僕が関空での米軍訓練の受け入れの声を上げた当時は、パフォーマンスだとかなんとかいろいろな批判を受けましたけど、政治家っていうのは膠着した事態を動かすのが一番の仕事だと思っています。もしあのとき政府から何らかの提案があれば、沖縄の米軍基地問題に何らかの動きが生じていたかもしれない。そうなれば、政治家として本望でしたね。

話を元に戻しますと、いまも本土にはいくつか米軍基地が設置されていますが、いま以上に本土に新たな米軍基地をどんどん設置することはほぼ不可能でしょう。それは先ほども言いましたが、各自治体の首長や住民が猛反対するからです。

このような状況の中で、沖縄県民の立場と本土の住民の立場をフィフティー・フィフティーにするためには、法律上の一定の手続きを踏めば日本のどこにでも米軍基地を設置できるようになる手続き法の制定が必要だという結論に至りました。沖縄と本土を公平に扱え！　という主張は、沖縄返還後何十年にもわたって叫ばれ続けましたが、それを法制度上担保するものがありませんでした。国会議員が知恵を絞ってこなかったと言わざるをえません。

この米軍基地設置に関する一般的な手続き法こそが、沖縄と本土を真にフィフティー・フィフティーに公平に扱うことを法制度として担保するものです。

そしてこの手続き法は法律なので、まさに国会議員が国会で審議することになります。そこでの論点は、「住民の意見をどこまで聞くか」です。

各自治体が都市計画を決定する手続きは、住民の意見を何重にも聞きながら、最後は知事や市町村長が決定することになっています。もし米軍基地設置手続き法においても「最後は日本政府が決定できる」とするならば、一定の手続きさえ踏めば、日本政府は、沖縄を含め日本のどこにでも米軍基地を設置できることになります。

こういう事態になってはじめて、本土の国会議員の尻に火がつくのです。この手続き法の定め方によっては、自分の地元に米軍基地が設置される可能性が出てくるのですから。ゆえに、自分の地元に基地が設置されることに絶対反対の国会議員たちは、地元の声を非常に尊重するような手続き法にしようとするでしょう。しかしそのような手続き法になれば、今度は沖縄県民がその手続き法を使って米軍基地の設置を拒否することができるようになるのです。

他方、本土の国会議員たちが、沖縄県での米軍基地の設置を実現するために、沖縄住民の声を絶対的なものにしない手続き法にするならば、今度は自分の地元に米軍基地が設置される可能性が出てきても、地元住民の声によってその設置を拒否できなくなります。本土の国会議員は地元の意見をどこまで尊重する手続き法にすべきか、悩みに悩みまくることになるでしょう。

このような状況になって初めて、真に沖縄と本土がフィフティー・フィフティーになったと言えるのではないでしょうか？　ところが、いまの本土の国会議員たちはこのような悩みを経ずに、「日本の安全保障のためには沖縄県に米軍基地が必要だ！」と単純に威勢よく叫ぶだけ。この国会議員たちの悩みのなさが、普天間基地の辺野古移設問題がずっと紛糾してきた核心的原因だと思います。本土の国会議員も本土の住民も、米軍基地の設置の可能性について、法制度上、沖縄県と同じだけの負担を背負ったうえで、日本の安全保障を考えるべきなんです。

手続き法は基地を含む「NIMBY」問題を解決する切り札にもなる

沖縄県以外の本土の国会議員をとことん悩ませなければなりません。脳みそから血の汗をかいてもらわなければなりません。沖縄県民は日々苦悩を強いられているのですから、本土の国会議員に能天気に「日本のためには沖縄に基地を設置すべきだ！」と語らせてはなりません。

沖縄県民の声をどこまで重視するべきか。その重視の度合いによっては、自分の地元にも米軍基地が設置されるリスクを国会議員に背負わせて、米軍設置手続き法における地元住民の声の扱いを決めさせるのです。沖縄県民の声を軽視して沖縄に押しつけるのであれば、自分の地元住民の声も同等に軽視され、自分の地元にも沖縄と同等に米軍基地を押しつけられる可能性が出てくる。逆に、自分の地元住民の声を重視して、自分の地元は米軍基地の設置を拒否するのであれば、沖縄県民の声も自分の地元住民の声と同等に重視して、沖縄でも米軍基地の設置を拒否することを認めなければならなくなる。

この手続き法の考え方は、非常に応用が利きます。すなわち社会的には必要だが自分の地元には来てほしくないニンビー（ＮＩＭＢＹ：Not In My Back Yard）施設の設置問題の解決に非常に有効です。特に、使用済み核燃料の最終処分場や原発廃炉からの放射性廃棄物の処理場の設置問題を解決する切り札になると思います。

これらの施設は必要であることは間違いありませんが、どこの自治体や住民も自分のところに設置されることを嫌がって、ずっと設置が決まらずにきていますよね。使用済み核燃料の最終処分場の設置は、原発が稼働した当初にすぐに決めると政府が言っておきながら、かれこれ40年以上経っても、いまだに決まっていません。

政府はこの面倒な仕事を、当初は、民間の機関に丸投げしてきました。原子力発電環境整備機構（ＮＵＭＯ）という民間団体が、各自治体から最終処分場の設置に手を挙げてもらう方式で進めていましたが、各自治体が最終処分場を引き受けることに手を挙げるはずもなく、行き詰まっていました。そこで安倍政権は政府が前面に出ると姿勢を変えましたが、それにも限界があるでしょう。各自治体が嫌と言っているなかで政府が自治体に最終処分場を押しつけるわけにはいきません。ですから安倍政権の取り組みとしても、最終処分場を設置するのにふさわしい地域を地図化して公表するところまでで止まってしまっています。

そこで、使用済み核燃料最終処分場設置手続き法の制定が問題解決のカギになります。全国の国会議員は、自分の地元に最終処分場が設置されるリスクを背負いながら、どこまで地元の声を重視するのかの手続き法を考えることになります。地元の声を重視しすぎると、日本において最終処分場は永久に設置されない。だからと言って地元の声を軽視し過ぎると、自分の地元に最終処分場が設置されそうになったときに拒否できなくなる。

国会議員はこの悩みの中で、地元住民の声をどこまで重視するのかを審議し、最終処分場を設置するための手続き法を制定すべきです。

このような手続き法が制定されれば、米軍基地の設置や使用済み核燃料の最終処分場の設置という国の基本方針が、地元の知事選挙、市町村長選挙の結果によって左右にぶれることはなくなります。手続き法に基づいて手続きをしっかり踏んでいけば、地元の首長選挙の結果がどうであれ、国策を進めることができるようになります。もちろん、そこで当選した地元首長はその手続き法のなかで、ルールに基づいて地元の意見をしっかり述べることになりますが、しかしその手続き法の定めに従って地元首長の意見にしっかりと対応していけば国策は前に進めることができることになります。

もし地元の首長の意見を絶対視し、首長の意見によっては国策が止まるような手続き法にしたのであれば、それはそれで国会の判断です。そうなれば、沖縄県の米軍基地は、全て設置不可、日本において使用済み核燃料の最終処分場は永久に設置不可ということになりますが、それも国会議員の責任です。他方、地元首長の意見だけでは国策は止まらないという手続き法にするのであれば、今度は、沖縄県以外の本土のどこかに米軍基地が設置される可能性が出てきても、その手続き法によって地元は完全に拒否できなくなります。まさに、沖縄県と本土の都道府県がフィフティー・フィフティーになるのです。そしてこれは、使用済み核燃料の最終処分場でも同じことになります。

このような手続き法がなければ、いつまで経っても、沖縄における県知事選挙や市町村長選挙によって、日本の国策である安全保障政策が止まってしまいます。基地反対派の首長が当選するたびに、「沖縄県民の声を聞け！」というフレーズが永久に飛び交うでしょう。だからと言って、地元沖縄県民の声をまったく無視していいわけではありません。だからこそ、地元の声をどこまで聞くかについて、沖縄県民と本土の都道府県民が同じ立場、同じリスクを背負う「米軍基地設置手続き法」の制定が必要になるのです。

先の大戦では、日本国の本土を守るためという大義名分で沖縄は捨て石にされたんです。沖縄での本土決戦において県民が犠牲となった悲惨、壮絶な事実は筆舌に尽くしがたい。沖縄戦で自決した大田司令官が残した「沖縄県民斯ク戦ヘリ　県民ニ対シ後世特別ノ御高配ヲ賜ランコトヲ」という言葉を胸に刻んで、国会議員には米軍設置手続き法をしっかりと定めてもらいたいです。

これこそが僕が提案する沖縄問題解決の切り札であり、沖縄ビジョンXの最も重要な柱です。

「日米地位協定」改定以前に改革しなければならないこと

沖縄問題、基地問題には、米兵が引き起こす犯罪問題も含まれますね。これは本当に腹が立ちます。もちろん現在においては、日本人の犯罪率と比べて米兵の犯罪率が特段高いということはありません。しかし、ここでの大きな問題は米兵の犯罪について日本の警察権、裁判権が及ばない場合があるということです。これは日本人にとって屈辱的なことですね。これが日米地位協定問題の大きな柱の一つです。

現在、米兵が日本の女性に対して性的暴行を加えても、日本政府や政治家、そしてメディアはみな、口で抗議するばっかりです。遺憾の意を表明するとか。僕は政治家になる前から米兵の婦女暴行事件や日米地位協定には頭に来ていたので、政治家になってから米軍基地を視察した際、米軍の司令官に、米兵の婦女暴行問題について詰問したんです。

橋下「米軍は米兵の性的欲求についてどうやって管理しているのですか。エネルギーが有り余っている猛者たちは、欲求もたまっているでしょう。それをどうやって発散させているのですか？」

司令官「ビーチバレーやバーベキューをさせている」

橋下「？？？　そういう建前はいいんです。米兵が日本人の女性に暴行する事件があとを絶たないし、それについて日本人は過剰に反応します。実質的な話として、兵士の性的エネルギーは、どうやって管理しているんですか？」

司令官「だからビーチバレーとかバーベキューとか」

あとから聞くと、どうも通訳が、僕の質問から「性的」なニュアンス・意味を取り除いたらしいです。だから司令官は純粋な意味での男のエネルギーの発散方法を答えたんじゃないかとも言われました。それでもその場は米兵の婦女暴行問題を議論していたのですから、僕の質問の意図を司令官も十分に分かっていたはずですが、質問をかわそうとしたのでしょう。しかし、その場は、評論家やコメンテーターのテレビでの議論ではありません。沖縄の女性が被害に合わないよう日本の政治家として米軍に直接申し入れた場です。米軍からは建前論ではなく実質論が聞きたかった。

まあ弱小野党（日本維新の会）の代表に、米軍も本音は語らないのかもしれません。だから僕は、頭にカチンと来て、「性的エネルギーの発散の仕方は世の中にいろいろあるはずです。ビーチバレーやバーベキューで性的エネルギーを発散できるわけがない。風俗の活用も含めもう少し真剣に考えたらどうですか？」って詰めたんです。

まあ司令官としては「風俗を活用します」とは言えないでしょう。そもそも米軍は、兵士と性の問題について歴史的に建前論をとってきた。米軍は、戦場でのレイプは当然厳禁ですし、さらにいわゆる慰安婦も利用しない。だからといって何もしないのかと言えばそうではなく、現地の民間売春業者を利用していた。ソ連兵はレイプ。日本、ドイツ、フランス兵は慰安婦。アメリカ、イギリス兵は現地の民間売春業者。ベトナム戦争での韓国兵は現地女性。このように世界各国の兵士は戦場において女性を利用していたのが歴史の現実です。日本兵がやったことは、いまにおいて正当化できませんが、しかし日本兵だけが特殊なことをやったわけではありません。世界各国が自国の過去のことを棚に上げて、日本だけを特殊扱いにして責めてくることは許されません。世界各国共通に、反省と今後二度と女性の人権を蹂躙しないという決意が必要なのです。これがいわゆる慰安婦問題の本質です。

民間売春業者を利用していた過去とは異なり、現在の米軍は建前上も、民間の風俗業の利用は禁止となっています。大蔵官僚出身の歴史家である秦郁彦氏の『慰安婦と戦場の性』という本によれば、現在の米軍は女性の兵士も多くなっており、兵士同士で男女の肉体関係を持った者がかなりの数になっているとのことです。公にしていませんが、これが米軍の兵士の性の管理方法なのかもしれません。

僕と司令官の議論において通訳ミスがあったのかもしれませんが、日本の女性、特に女の子が米兵の犠牲になっていることへの対処方法として、米軍の司令官がビーチバレーやバーベキューを持ち出したことに、僕はブチ切れてしまって、「風俗でも利用したらいいじゃないか！　それくらい真剣に考えてくれ！」と言い放ってしまいました。その後、この発言を撤回したのはみなさんご存知の通りです。

話を日米地位協定、特に日本の警察権、裁判権が米軍・米兵に及ばない話に戻します。日本の政治家もメディアも、この日米地位協定の不平等を正せ！　と威勢よく言うんです。しかし日米地位協定の改定を本気で行うためのプロセスをまったく考えてない。いつもの「口だけ」なんです。本気で改定しようとするなら、なぜこれまで改定できなかったのか、ここの根本理由とそれへの対応策を検討しなければならないんです。

ここで、みなさんに少し考えてみてほしいことがあります。

日本以外の世界の状況はどうなのでしょうか。

たとえばＰＫＯ活動で、自国の軍隊を外国に派遣したときに、自国の軍人が派遣先の現地で何か不祥事を起こしたとします。それをどうやって裁くかといえば、普通はその派遣先の外国の法律や外国の裁判所で自国の軍人を裁くことはありません。自国の軍法会議や裁判所が自国の法律によって裁くのが通例となっています。そうでないと、自国の軍人は外国になどいけません。軍人はそもそも武力を行使し、状況によっては人を殺傷することが任務となっています。敵国に対して敵国の法を犯すことが任務となります。そのようなときに、どこの国の法で、どこの国の裁判所で裁くのか。当然、原則は自国の法で、自国の裁判所で裁くとなります。たとえその外国がＰＫＯの派遣先のように敵国でなくても、その外国の刑事司法制度がどれだけ成熟しているかについてはバラツキがあります。ゆえに自国と同じほどの人権保障、被疑者・被告人の権利の保障があるかどうかがポイントになります。ここで、日本の刑事司法制度をアメリカの視点で見ると、アメリカに比べて人権保障、被疑者・被告人の権利保障が弱いと映るんですよね。アメリカの捜査機関は、日本の捜査機関のような被疑者の取調べはできません。録音・録画が行われるか、弁護士の立ち会いの下で行われるかして、被疑者取調べの可視化が進んでいます。日本では被疑者を長期間拘束し、密室で取調べが行われ、自白させようとします。これは人質司法なんて批判をされていますが、アメリカでは考えられない人権侵害的取調べなんです。

最近になって、日本でもやっと取調べの可視化の取り組みが始まりましたが、全ての事件が対象とはならず、裁判員裁判事件を中心に全刑事事件のわずか３％しか可視化の対象となっておりません。米軍からすれば、野蛮な日本の刑事司法制度は信用できないとなって、日米地位協定の改定が進まないのでしょう。

ここで日本が、日米地位協定を本気で改定し、米軍・米兵に対して、より日本の警察権、日本の裁判権を及ぼしていきたいと思うなら、まずは自分たちの刑事司法制度を国際標準にしていく必要があります。少なくてもアメリカと同じくらいの被疑者・被告人の権利保障をしなければなりません。日本国内の感覚・視点で刑事司法制度を考えてしまうと、国際的な日米地位協定問題を解決することができなくなってしまうのです。いまの日本は、まだまだ国内的な感覚・視点のみで刑事司法制度を議論してしまっていますね。

日本の自衛隊のPKO派遣を考えてみてください。派遣先には中東やアフリカの南スーダンなど、僕ら日本人から見ておよそ信用のできない刑事司法制度を持っている国がありました。中東の国にはイスラム教に則り、僕ら日本人からすると信じられないような法律・刑罰が存在します。それらの国に派遣された日本の自衛隊員が何か事件を起こした場合、派遣先の中東や南スーダンの法と裁判所で裁かれることを認めますか？　それはダメですよね。そんなことでは自衛隊員の誰もPKO派遣に行かなくなります。だから、自衛隊がPKO派遣で外国に行く場合、国連とその外国が地位協定を締結し、自衛隊員は日本の法律と裁判所で裁かれることになっているんです。日米地位協定と同じですね。これが軍隊を海外に派遣するときの国際スタンダード。

そして、日本から見て、中東・南スーダンの刑事司法制度が信用できないのと同じように、アメリカから見ると、日本の刑事司法制度は全く信用できないんでしょう。だからア

撤去が決まった米軍ヘリコプター墜落現場の壁（沖縄・宜野湾市の沖縄国際大学）提供 時事通信社

メリカは米兵を日本の警察や裁判所に委ねたくはないんです。ここで日米地位協定を本気で改定しようとするなら、不平等だ！ 改定せよ！ と騒ぐだけでなく、アメリカから信用される欧米スタンダードの刑事司法制度に変えていかなければならないんです。

さらに、日米地位協定のもう一つの問題は、日本政府や各自治体の行政権が米軍にまったく及ばないということです。米軍基地への立ち入りもできませんし、米軍の訓練にも何も口を出せません。米軍の航空機やヘリコプターが事故を起こしても、日本政府は抗議をするだけです。事故機の検証を日本側ができないことはもちろんのこと、安全性が確認できるまで航空機やヘリコプターの使用を控えるように日本政府が米軍に求めても、訓練のオペレーションの権限は米軍にあるということで、米軍は自らの意向で訓練続行か停止かを判断します。日本政府に決定権はない、ということを常に示します。事故機についての事故原因等についても機密事項ということで日本政府に十分な報告はありません。

沖縄県民がそれに加えて怒っているのは、訓練についての紳士協定を米軍が守らないことが多いことです。夜間の飛行時間、低空飛行について一応の紳士協定はあるようですが、米軍は、訓練の必要性という理由から、その紳士協定をしょっちゅう破ります。それに対して日本側は抗議をするだけです。

最近、日米地位協定の問題点がクローズアップされてから、日米地位協定の内容と、他国とアメリカの間における地位協定の内容との比較が行われ始めました。特に、日本と同じ敗戦国であるドイツ・アメリカ間の地位協定、イタリア・アメリカ間の地位協定との比較です。

一般的に言われているのは、ドイツやイタリアは、米軍基地の管理権を持っているということです。訓練についても口を出せるらしい。このことをもって、日本の国会議員、特に野党の国会議員は「ドイツ、イタリアと比べて、日本は不公平・不利な状況に立たされている。せめてドイツ、イタリアと同じくらいの地位を得るべき」と息巻いています。

確かにドイツ・アメリカ間の地位協定、イタリア・アメリカ間の地位協定と比較すると、日米地位協定は日本の権限を著しく小さなものとしています。しかし、不公平だ！　と騒ぐだけでなく、本気で地位協定の改定を目指すのであれば、なぜドイツ、イタリアに比べて日本は不利な地位に立たされているのか、そしてアメリカはなんて言ってくるのかを考えなければなりません。

おそらくアメリカからすると、「ドイツ、イタリアに対するのと比べて、アメリカは日本に対して全面的に安全保障を担っているではないか」という意識があるのだろうと想像できます。歴史的経緯を見ても、敗戦後の占領期からサンフランシスコ平和条約が締結されて日本が独立を回復する過程において、日本における米軍基地の将来の在り方は、アメリカ政府にとって最も重要なテーマでした。基地の重要性を唱え日本の独立に慎重になる国防省と、日本の自立を唱える国務省の激しい議論のすえ、最終的には日本の自主的な安全保障条約によって米軍は在日米軍基地を自由に使え、日本国内に自由に米軍基地を設置できるというかたちで日本の独立を進めていきました。この自主的な安全保障条約と一体をなすものが日米地位協定です。そして、日本の地政学的なポジションは、ドイツ、イタリアよりもはるかに重要になっていきます。ロシア、中国という大国から太平洋・インド洋における自由・民主体制を守るためには日本が重要な拠点になりますし、さらに中東に睨みを利かせることができる位置にもあります。アメリカ本土に対する核兵器攻撃を抑止するためにも、米海軍の太平洋・インド洋における活動が重要であり、そのためにも日本が重要な拠点となります。ゆえにアメリカは、日本における米軍基地は、歴史的にも地政学的にも完全にアメリカの自由にしておかなければならないという強い意識を持っているのでしょう。

それに加えて日本の憲法9条ですね。現在、安倍政権が集団的自衛権まがいの安全保障法制を成立させて、自衛隊がほんのわずかばかりだけ米軍をサポートできるようになりましたが、これは国際スタンダードからはかけ離れています。

近代独立国家は国防軍を持つのが当然です。さらには第二次世界大戦後の国際秩序の柱である国際連合のルールでは、国連加盟国同士で相互に安全を保障し合う集団安全保障体制をベースに、それが発動されるまでの間、同盟国や準同盟国の間での集団的自衛権を認めています（国連憲章51条）。

すなわち同盟国同士は、ある国が攻撃を受けた場合には、他の国はそれを助けるというのが当然のことで、それが同盟というものです。ドイツ、イタリア、アメリカは、北大西洋条約機構（NATO）の一員であり、集団的自衛権として、当然に仲間のために軍事力を行使すること、すなわち仲間の国のために自国の兵士が血を流すことを前提としています。ところが日本はどうか。日本は憲法9条によって国防軍は持てない建前になっています。まあ実質は、自衛隊は世界の中でも最強の軍隊なんですけどね。さらに集団的自衛権も行使できないことになっています。ゆえに、今回安倍政権が成立させた安全保障法制も、日本の自衛のために、一定の条件下で他国を守ることが認められましたが、基本的には日本の防衛のためのものです。純粋にアメリカ・米軍を守るために、自衛隊が武力を行使し、自衛隊員が血を流すことは認められません。日本国内では、アメリカの戦争に巻き込まれるな！　アメリカのために日本国民が血を流すことは許されない！　ということがメディアやインテリたちはもちろん、国会議員までもが公然と叫びます。他方、軍事力をフルに持っていない日本を守るために、いざというときには米兵に血を流してもらい、日本の戦争にアメリカを巻き込むことを前提としているのに。

こんな身勝手な日本に対して、アメリカ・米軍はどう思うでしょうか？「自衛隊は俺たち私たちのために血を流さないくせに、俺たち私たちは、日本を守るために、血を流す覚悟なんだ。だから日本国内の米軍基地を自由に使うことくらい当然だろ！」という認識ではないでしょうか。もし僕が米兵の立場なら、そう考えてしまいますね。

いまの日本は、アメリカに安全を守られている立場。一応独立国家なので、まあ成人になったけど親から仕送りをもらっている大学生という感じでしょうか。その大学生が、親に対していろいろと文句を言っている状態です。僕が親なら、大学生の子供に「そんなに偉そうに言うなら、完全に独立してから言え！」って言いますね。

まさにそういうことなんです。日米地位協定の改定をアメリカに迫るなら、日本は自分の国くらい自分で守るという気概が必要ですし、いざというときにはアメリカ・米軍のために血を流すという覚悟も必要でしょう。この気概と覚悟をしっかりとアメリカ・米軍に示すために、国内の法制度を整えていかなければなりません。すなわち日本は大学生から社会人になる必要があるのです。社会人になって初めて親に文句の一つでも言えるようになるのです。

日本の国会議員は、憲法9条を死守！　集団的自衛権反対！　アメリカの戦争に巻き込まれるな！　と叫んでいる人に限って、日米地位協定の改定を叫ぶ人が多いですね。完全なる矛盾です。憲法9条を死守し、自国の安全を守るのにアメリカ・米軍に血を流してもらうことに依存しながら、こちらはアメリカ・米軍のために血を流すことは決してしない。それでいてアメリカ・米軍に文句を言う。こういう人たちは、自分ではそのかっこ悪さに気づかずに、一番かっこ悪い大学生をやってきた人たちなんでしょうね。

日米地位協定を改定するために、まず日本がやらなければならないことにしっかり取り組むことも沖縄ビジョンXの柱の一つです。口だけで日米地位協定の改定を叫ぶことは最もダメなことです。

第4章

沖縄ビジョンXを実現するためのケン力道

話し合いがダメならきちんとケンカしよう

いま、玉城知事を筆頭に沖縄の多くのみなさんは、普天間基地の辺野古移設を絶対阻止することに執念を燃やしています。感情的な気持ちとしては理解できますが、普天間基地の辺野古移設を阻止したところで沖縄が活性化するわけではありません。あえて言わせてもらえば、沖縄の活性化が第一目標であって、それを実現するために基地問題をうまく使うくらいのしたたかさが必要です。

沖縄の活性化には、いままで話してきた沖縄ビジョンXの実行が必要です。つまりいまの沖縄にとっては普天間基地の辺野古移設阻止よりも、沖縄ビジョンXの方に力を入れなければならないと考えます。

そして沖縄ビジョンXの「内容」については、これまで散々話してきました。沖縄国際都市形成構想をブラッシュアップした一国二制度、大型減税、IR誘致、東洋一の観光リゾート構想、沖縄南北鉄道敷設、沖縄の空気感の醸成、米軍基地設置手続き法、日米地位協定改定前に日本のやるべきこと……まあ、挙げればキリがないわけですけど、これくらいのことをフルにやらなければ、沖縄の活性化はありません。

ただし、この沖縄ビジョンXの「内容」を語ることくらいなら、学者など識者であれば誰でもできることです。思い付き、アイデアならいくらでも語ることができる。しかし、それだと無責任なコメンテーターと同じです。政治家は「実行」しなければなりません。これまで沖縄問題について論じる著作は膨大な量、出版されてきましたが、そのどれもが沖縄の歴史的経緯や現状について解説したり、問題点を指摘したり、ちょっとしたアイデアを披歴したりするにとどまっていました。

しかし問題の解決にとって重要なものは、解決案の「中身」というよりも解決案の「実行策」です。実行できなければ、その解決案はクソの役にも立ちません。どう実行するか、ここが全てです。政治家やインテリたちが、これまで解決案の実行プロセスについて考えてこなかったので、沖縄問題がいままで解決できなかったと言っても過言ではないでしょう。そして実行するには最終的には政治の力によるしかありません。

沖縄問題の解決案としてのビジョンXは、法律の制定が必要だったり、莫大な国の予算が必要だったり、その実現のためには国会や日本政府といういわゆる「国」を動かす必要があります。国が動いてくれなければビジョンXは実現できないのです。では、どうやってビジョンXの実現のために国を動かしていけばよいでしょうか。

玉城知事は、とにかく国との対話が重要だと言い続けて、それを実践しています。さらにアメリカに出向き、アメリカ政府関係者と会談をしたり、講演会を開いたりして発信に努めています。ところが、翁長前知事の頃から同様のことをやっていますが、国が大きく動く気配はありません。

民主国家において、対話という政治手法が重要であることに間違いありません。しかし、対話ですべてが解決できるわけではないのです。対話で解決できない場合には、別の政治手法を考えなければなりません。朝日新聞や毎日新聞的なインテリたちは、話し合いさえしていれば全ては解決するものだ、ケンカや対立は幼稚な政治だ、という思考のようですが、そのように安易に考えることじたいが幼稚な思考でしょう。玉城知事も対話を重視することは結構なことですが、日本政府が法に従ってゴリゴリと辺野古移設の工事を進めてきた場合には、話し合いなど無力です。世の中には話し合いで解決できないことが、ごまんとあります。朝日新聞や毎日新聞的な話し合い絶対主義では、沖縄の意思を押し通すことなどできません。

話し合いで解決しない場合に、どのような政治手法をとっていくべきか。ここにこそ政治家としての知恵と腕が試されるところです。

話し合い以外で、どのように国を動かすか。まずは本来的な政治力です。玉城さんに人間関係を基礎とした政治力、すなわち玉城さんがお願いすれば、安倍首相をはじめとする政府自民党の重鎮政治家たちが動いてくれるような人間関係があれば、国を動かすことができます。玉城さんが安倍首相に直接お願いできる関係がなくても、安倍首相に影響力のある人物にお願いできる関係があればいいのです。

まあこれこそが本来の政治なんですよね。政治はこのような人間関係で動いていくところが多いです。もちろん合法の範囲内でのことですが。それでもこの人間関係をベースとした政治は不透明なところも多いし、カネが動く危険性も高くなる。いわゆる政治とカネの問題ですね。そこで僕はそのような人間関係で動く政治から、ルールに基づいて動く政治への転換を目指しました。だから僕の政治は特定の人物との人間関係に左右されることがない反面、自分も人間関係を使うことができず、僕自身に人間関係を通じて物事を動かす政治力はありませんでした。このあたりは、すべて松井一郎大阪府知事の人間関係力に頼っていました。

それでも僕も政治家だったものですから、人間関係で物事を動かしたことはいくつかあります。一例を挙げますね。僕が知事のときに、景気対策として全国的に高速道路料金の割引政策が行われていました。ところが大阪の関西国際空港と陸地を結ぶ関空連絡橋――２０１８年の台風21号がやってきて、大型タンカーがぶつかったあの橋です――だけは、割引がされないことになったのです。大阪府庁の担当職員や副知事までが国土交通省に出向いて何度となく協議をしましたが、国交省の方針は変わりませんでした。後で話しますが、僕が国交省との約束を破ったので割引ができなくなったという国交省の言い分にも理があります。職員からこの報告を受けて、僕は、国交省の道路部門に物凄く影響力を持っている、ある自民党重鎮の政治家に電話しました。「国交省にいじめられているんです」とちょっと脚色しながら（笑）、「何とかならないでしょうか」とお願いをしました。すると、その数分後に国交省幹部から、「関空連絡橋は割引対象とします」と電話がかかってきました。その口調はとげとげしかったですね（笑）。そりゃそうでしょう。「これが政治か！」、と感じた一例です。

しかし、そのようなやり方で国を動かすことを、玉城さんには期待できそうにありません。そうなると半ば無理矢理にでも国を動かしていかざるをえません。これは正攻法ではないかもしれませんが、それでも一種の政治力と呼んでいいと思います。

その政治手法の要素は大きく2つあります。

1　メディアで大きく取り上げられるようにして、国民の声で国を動かす。

2　国（政府与党）の嫌がることを徹底的に攻めて、こちらの主張を聞かざるをえないようにする。

これは結局、国とケンカするということです。キレイごとや正論を吐くだけでは実現できない、実現するためには最後は相手とのケンカしかない、というのが僕の考えです。そしてケンカをするならケンカに勝たなければ、自分たちの意思を通せません。

では、沖縄が国とケンカして勝つためにはどうしたらいいか、僕の8年間の政治活動の経験を基に、いまから指南したいと思います。

グレートスピーカーになるのも政治家の役割である

日本は成熟した民主国家です。有権者の選挙における選択いかんによって、政権与党の生き死にが決まる。選挙で有権者の支持を受けなければ、たった一日で政権与党の座から引きずり降ろされます。民主国家でなければ、政権奪取やその死守は、激しい内戦によって大量の血を流した上で達成されることになりますが、民主国家においてはただ一人の命も奪われることなく、たった一日の投開票によって政権の帰趨が決まります。選挙というのは恐ろしいほどのパワーを内包しているのです。

そして有権者が政権与党としてどの党、どの候補者を選択するかは、主にメディアからの情報を基に判断していきます。ゆえにメディアがどのような情報を書き、流すかが非常に重要になってきます。メディアからの情報によって、日本国中の多くの有権者の間で「国は沖縄ビジョンXを実現すべきだ」という認識が広がれば、政権を維持したい政府与党（国）は、沖縄ビジョンXの実現に向けて動き出します。それほどメディアの影響力は大きいのです。民主国家の政治家は、つねに世論調査による支持率を気にしており、支持率はメディアの情報に左右されますからね。

したがって、政府与党（国）が沖縄ビジョンXを実現しなければならないようなメディアの状況を作っていくことが、第一のケンカ手法です。

その際、まず大田司令官の、あの「沖縄県民斯ク戦ヘリ 県民ニ対シ後世特別ノ御高配ヲ賜ランコトヲ」の言葉を本土の人間がしっかりと胸に刻み、本土の人間が、沖縄ビジョンXの一つでも実現できるように徹底して協力すべきです。政府与党という国が動かないのであれば、本土の各自治体の首長が動くべき。そして正論を吐くだけでは、メディアは取り上げてくれません。メディアに取り上げてもらうには、世間が衝撃を受けるような話題に仕立てあげなければなりませんし、その発信は、最も効果的な場、タイミングを選ばなければなりません。

まず沖縄の基地負担を本気で軽減しようとするなら、本土が沖縄の負担を一部引き受けなければならないという、ごく当たり前のことを国民全体に強く認識してもらう必要があります。これを普通のやり方で説明しても国民全体の間にうねりは起きません。衝撃的な発信が必要なのです。

先ほども話しましたが、僕が大阪府知事のとき、関西国際空港に沖縄米軍基地ないしは沖縄の米軍訓練の一部を移転したらいいじゃないか、という提案を当時の鳩山首相にしました。そのときは、政治家をはじめ、多くのメディア、インテリたちから、さんざん批判を受けましたが、それでいいんです。話題になって、みなが考えてくれることがねらいなんですから。

日本の政治家は、政治家のグレートスピーカーの役割をあまり認識していないようです。学者やインテリと同じように、小難しいことを間違いなくしゃべることが政治家の仕事だと思っているようです。それは違う。政治家は物事を動かし、実行することが仕事。特に、これまで誰がやっても動かなかった事態を動かしていくことが仕事です。もちろん結果も大事ですが、必ず正しい結果をいつも予測できる者などこの世には存在しません。間違えることを恐れ、100％正しい結果になることが確信できるまで、あれやこれやと頭の中で考えるだけで行動を起こさないのであれば、永久に事態は何一つ改善されないのです。政治家の仕事は、錆びついた大きな大きな歯車を、ググーっと最初に一押しすることです。いったん回り始めれば、勢いがついてそのまま回る。しかし最初のひと押しが大変で、大変だからこそ誰もができるわけではない。だからそのような仕事をやることに政治家の存在意義があり、政治家が実行するしかないのです。

このように膠着した事態を動かすためには、民主国家においては、世間を動かすメディア発信が重要なのです。そのためには衝撃的なメッセージを発信し続けるしかない。小難しいことを役人や学者のように話しても、世間は動きませんよ。これが政治家のグレートスピーカーとしての重要な役割です。

本土からの声の上げ方——関空への米軍基地誘致の提案

当時経営が低迷していたとはいえ、関空に米軍を引き受けてもいいという大阪府知事である僕の日本政府への提案は、常識ではありえない提案でした。そもそも積極的に自治体の方から米軍引き受けを提案することがありえなかった。それに加え、関空という具体名まで出したことがありえない。まあ批判の嵐がメディアで吹き荒れました。でも、実際、大阪府民はそんなに反対していないと僕は感じていました。それが僕の政治感覚です。

47都道府県の知事が集まる全国知事会が東京で開かれ、当時の鳩山由紀夫首相と意見交換する会合が予定されました。僕はこの場が、提案を発信する最大のチャンスと見定め、その日に向けて関空米軍引き受け案を徐々に発信していきました。最初からエンジン全開で発信してしまうと、首相との意見交換会の場がピークにならなくなってしまうので、発信量のコントロールは重要です。

そうすると大阪のメディアなどは連日、この話題を取り上げてくれました。そこから徐々に東京のメディアも取り上げてくれるようになってきたのです。そのピークとして、知事会と首相の意見交換会です。この場で僕は鳩山首相に対して直に、「関空への沖縄米軍基地の移転等を政府が提案してくれれば、大阪府はしっかりと検討する」と訴えました。他方、全国の知事たちは、沖縄の基地負担軽減を首相に訴えますが、誰も自分たちのところで引き受けるという提案はしません。その様子が、全国的に流れました。

このことによって全国民のみなさんが、一瞬かもしれませんが、「沖縄の基地負担軽減は誰もが口にするが、言っているだけでは沖縄の負担は軽減しない。本土が引き受けていかないと、沖縄の負担は軽減しない」ということを感じてくれたのではないかと思っています。

もちろんこの発信だけで沖縄問題がすべて解決するわけではないですが、しかし膠着した事態を動かすには、このような発信を何度も何度も繰り返し、国民全体を動かしていくしかないのです。国民全体で「沖縄の基地の一部を本土で引き受けよう！」という強いエネルギーを発すれば、政治は必ず動きます。そして国も動く。そうなれば、アメリカも動かざるをえないでしょう。そのような国民の動きになるように、いまは錆びついている大きな大きな歯車を押し続けなければならない段階です。

この僕の提案によって、沖縄県選出衆議院議員の下地幹郎さん（いまは日本維新の会の所属議員ですが、当時は全く面識がありませんでした）が大阪府庁を訪ねてこられたり、下地さんたちが国会でこの話題を取り上げたりするなど、一時、沖縄の基地負担軽減の話が全国的にも話題になりました。まさに一瞬、錆びついた大きな歯車が動くかと思われましたが、結局政府から大阪府への提案もなく、その後が続きませんでした。しかし、世間を動かして政治を動かすというのはこんなものです。そう簡単には世間にうねりは起きません。

インテリたちは、正しいことはすぐに実行・実現されるものと思っている節がありますが、世の中はそんな甘いものじゃない。世間を動かすためにいろいろ発信しても、うまくいくばかりじゃありませんよ、それは。それでも、失敗を何度も何度も繰り返しながら挑戦していくしかないのです。

本土からの声の上げ方――大阪八尾空港へのオスプレイ誘致の提案

僕が関空への沖縄米軍基地の一部移転を提案した時、大阪府民は意外に反対していないなと感じたことは先ほど話しました。もちろん反対する人もたくさんいますが、圧倒的多数が反対というわけじゃない、と。大阪府民は賢明で、ヒステリックに反対しているわけではなく、具体案を見てから判断しようとしてくれているなと感じたのです。

全国の自治体の首長は住民からの反対の声を恐れます。それは自分の次の選挙に影響するからですが、住民の反対の声というのは、数が少なくても声が非常に大きい。反対の声はとにかく目立つんです。まあ反対する人たちは必死ですからね。逆に賛成の声は、ひっそりとした声なんです。声の大きさだけで判断してしまうと誤ります。住民の声を的確に捉えることこそが政治家の腕の見せどころだと思います。

繰り返しますが、反対の声は非常に大きいが、数はそれほどでもない。賛成の声はそんなに聞こえないが、数は結構いる。すべての案件に当てはまるわけではありませんが、だいたいこんな感じです。これが僕の政治経験で培った感覚ですね。

民主党政権から安倍自民党政権に代わったのちに、また沖縄の基地問題に焦点が当たり始めました。オスプレイという、プロペラ部分が動くことで、普通の飛行機になったりヘリコプターになったりする空輸機があるのですが、これが次々に事故を起こし、墜落する危険が非常に高いと言われ始めたのです。このオスプレイが普天間基地に配備される話が持ち上がり、強烈な反対運動が起こりました。この話題は連日、新聞の全国紙でも、テレビの全国放送でも取り上げられて、日本におけるホットな話題となりました。僕も政治家時代、普天間基地にオスプレイを視察しに行きました。

危険だといわれているオスプレイが沖縄に配備され、また沖縄に負担を押しつけることになる。こういう状況だからこそ、本土の各自治体が自分のところにオスプレイの一部を引き受ける！　と声を上げなければならないと思いました。「本土が引き受けないことには、沖縄の負担軽減はない」。このことをとにかく国民に発信し続け、国民の間で大きなうねりを起こしてもらうしかありません。

この頃には、関西国際空港は国営伊丹空港と合体し、完全民間運営空港として、経営が

V字回復していました。旅客機・貨物機の就航便数と利用客数、取り扱い貨物量が著しく増えてきている状況でしたので、もはや以前のように関空でオスプレイを引き受ける！と言えるような状況ではありませんでした。

そこで僕たち大阪維新の会のメンバーの一部は、防衛の専門家や航空・空港の専門家のみなさんと勉強会をやりながら、大阪にある八尾空港でオスプレイを引き受けられるんじゃないかという案が出てきたんです。八尾空港の状況やデータをすべて検証したわけではないので、専門家の名前を出して確定的な案としては表に出せないけれども、検討するに値する、という結論にいたりました。

こういうときにこそ、政治家の出番です。確定的な案ではないが、とりあえず検討しよう！　と声を上げる。専門家だと、その専門分野で間違ったことを言うことは専門家生命を絶たれかねないわけですが、政治家の場合には、仮に間違ったことを言ってしまっても、気合と覚悟で乗り切れます（笑）。

八尾空港は大阪の市街地の中にあり、民間のセスナ機が利用している空港です。そして松井一郎大阪府知事の地元なんです。

松井府知事と相談し、八尾空港でオスプレイを引き受ける！　と世間に訴えていこうと決めました。そしてそれを発信するのに最も効果があるのは、首相官邸に提案しにいくことだ、と。すなわち、グレートスピーカーとして発信していくことにしたのです。ですから米軍基地の関空誘致提案のときと同じく、首相官邸に提案する予定日の少し前から、徐々にオスプレイの八尾空港誘致について発信していきました。大阪のメディアでは話題になり、インテリたちがいろいろと意見を言い始め、それら意見のほぼすべてが反対意見でした。主たるものは「オスプレイの機体重量を八尾空港の滑走路のアスファルトは支えられない」という、いかにももっともらしいものでした。これ、反対している勢力が吹聴していた情報です。そしてインテリたちは、その情報に飛びついて、メディアの中でもっともらしく話していました。自分たちでろくに勉強もせずに、それなりの権威が吹聴する情報に飛びついて、あたかも自分の意見のように新聞やテレビで偉そうに話すのは、インテリやコメンテーターの大きな特徴ですね。そういえば、当時日本維新の会をともに引っ張っていた石原慎太郎さんも同じようなことを言っていました。石原さんも、いろいろなところから情報収集していましたが、「橋下君は勉強不足だ。八尾空港はオスプレイに耐えられない」と言われましたね。僕は「きちんと勉強しています。もちろん確定案までには固まっていませんが、政府に提案するには十分です」と返しました。そうそう、政治家になる前に一緒にテレビで仕事をしていたデーブ・スペクターさんと飛行機の中で偶然出会ったとき、デーブさんも同じような意見を言っていました。誰が広めたのかは知りませんが、この「八尾空港はオスプレイに耐えられない」という情報は、相当広まっていましたね。

でも、八尾空港の滑走路がオスプレイの機体重量に耐えられるか、という論点は僕と専門家との勉強会ですでに検討済みでした。そこらへんのインテリやコメンテーター以上に、僕も勉強していますよ。その後、災害支援の関係で、オスプレイが活躍し、八尾空港がオスプレイの拠点となりました。複数のオスプレイが、八尾空港できちんと離発着していましたよ（笑）。あれだけ八尾空港では無理だと言っていた人たちの反省の弁はいまだに聞いていませんが。

それと維新の会で議論になったのは、この話が持ち上がったのがちょうど参議院議員選挙の直前の時期だったんです。オスプレイを大阪の八尾空港で引き受ける！　なんて言ったら猛反対にあって選挙に負けるだろうから、公に提案するにしても選挙後の方がいいのではないかというのが、維新の会の一部議員の感覚でした。

僕は、「選挙前だからこそ意味がある。選挙前だとメディアも取り上げ、反対勢力は、オスプレイの八尾引き受け反対を強烈に打ち出して選挙を戦ってくるだろう。そこで勝てば、大阪はオスプレイを引き受けると堂々と言える」と主張しました。

面白いことに、一番強烈な反対にあうであろう大阪における維新の会のメンバーが、僕の意見に納得してくれたんです。一番大変だったのは、その参議院議員選挙で大阪の選挙区から立候補する予定だった東徹さんですよ。普通なら「選挙前は勘弁して欲しい。選挙の後で何とかならないか」と言うはずですが、東さんは「選挙前に言うから意味がある」と言ってくれました。東さんは、大阪維新の会の立ち上げ当初からの同志でした。他方、グチャグチャうるさいのが大阪以外の維新のメンバーや大阪以外の立候補予定者です。「選挙に影響する、これで負ける」って。うるせー、この野郎！　という感覚でしたね。大阪維新の会の実績に寄りかかって国会議員になろうとしてるんだから、これくらいのことでゴチャゴチャ言うな！　っていうんです。

そして、僕と松井府知事は、予定通り参議院議員選挙前に首相官邸に出向き、菅義偉官房長官に対して「オスプレイを大阪の八尾空港で引き受けます。オスプレイ訓練の一部でもいいので、大阪に移すことを検討して下さい」と提案しました。菅さんは「検討します。このように提案をしてくれて、ありがとう」と言ってくれました。

官邸を出るときに、多くの報道陣に囲まれたので、「大阪はオスプレイを引き受ける意思がある。沖縄の負担は本土が少しずつ手分けして引き受けるべき」と強烈なメッセージをぶち上げました。それから僕はいたるところでこのメッセージを出し続けました。そんななかで、関西の府県や大都市が参加する関西広域連合の会議の場で、「関西が沖縄の負担を積極的に引き受けていく」という宣言文をまとめることを試みました。知事や市長はテレビカメラの前では、かっこつけます。沖縄の負担軽減に誰も反対するわけがありません。むしろ、積極的に負担軽減を主張します。そしてポイントは「関西で引き受ける」という表現で、具体的な府県名、大都市名を特定させません。ゆえに各府県、各大都市の首長は、自分の自治体が引き受けるという宣言文ではないので、気持ちはおおらかです。自分の自治体が引き受けるとなると、猛反対しますが。

こういう経緯で、沖縄の負担の一部を関西が引き受けるという関西広域連合の宣言文がまとまりました。これも関西では相当メディアが取り上げてくれ、関西の府県民にこのメッセージはかなり伝わったと思います。そうすると、日本政府は、滋賀県高島市にある陸上自衛隊の饗庭野《あいばの》演習場でオスプレイの訓練をやりたいという話を出し始めました。オスプレイの訓練が本土で行われる初の事例です。そこで当時の滋賀県の嘉田《かだ》由紀子知事はどうしたか。オスプレイ訓練を受け入れたのです。そりゃ、関西広域連合であそこまでの宣言文を出し、それはメディアを通じて関西府県民に浸透していたわけですから、いまさら拒否などできるわけありません。その後、佐賀空港や横田基地などでもオスプレイの配備が検討されるようになりました。民主国家の政治家は、結局、メディアの状況、有権者の意向を気にしながら政治をやります。ゆえに政治を動かすには、メディアを通じて有権者を動かす必要があるのです。

参議院議員選挙に話を戻しますが、八尾が地元の松井さんは、八尾空港周辺のオスプレイ引き受け反対派の住民から相当批判の攻撃を受けていました。敵方は、この件をことさら取り上げ、維新を攻撃してきました。松井さんは「オスプレイの拠点が大阪にある方が、いざ大阪で災害が発生した時に、非常に心強いじゃないか」という正論で反論してきました。そして選挙結果はどうなったか？　日本維新の会から立候補した東徹さんは１００万票以上を獲得して、大阪の中ではぶっちぎりのトップ当選でした。大阪府民は冷静に判断してくれたんです。

メガトン級の発信と国（政府与党）の嫌がることを徹底的に攻める

関空への米軍基地誘致提案も大阪八尾空港へのオスプレイ誘致提案も、本土側から、沖縄の基地負担軽減のうねりを起こす一例です。このように本土の各自治体が、沖縄の負担軽減に協力したとしても、やはり最も重要なのは沖縄自身による発信です。沖縄県知事がメディアを通じて国民の間にうねりを起こさなければなりません。

そしてメディア、特にいまでも有権者に対する影響力の大きいテレビメディアというのは、映像メディアであるその特性上、面白おかしいもの、すなわち視聴率が上がるような話題を取り上げがちです。政治で面白おかしいものと言えば、それはやはり激しい対立、激しいケンカです。ＮＨＫの討論番組や国会中継のような感じでは、メディアが沸騰することはなく、それを通じて国民の間にうねりが生じることはありません。

僕が対立、ケンカを繰り返すと、大阪の夕方の情報番組で、コメンテーターたちが「もうちょっと大人らしくできないのか」「対立型ではなく調整型にならないのか」とさんざん批判してきましたが、大人らしく地方政治をやってもメディアは取り上げないでしょう。実際、関西の放送局がいまの大阪の政治行政を十分に報じているかといえば否です。ここはキレイごとを言っていても仕方がありません。国民の間にうねりを起こそうと思えば、メディアが報じてくれるような話題提供をするしかないのです。国が動かない以上、インテリたちからたとえポピュリズムだと批判されようとも、国民に動いてもらうようにしかけていくしかないのです。

さらに永田町の国会議員や霞が関の官僚たちが嫌がることをとことん攻めていくことも必要となります。人間関係を基礎とした本来的な政治力がないのであれば、このような亜流の政治のやり方で、国会議員や官僚を動かすしかありません。

僕の大阪ケンカ道──「国直轄事業負担金」見直しの提言

大阪府知事時代に、メディアを通じて国にケンカをしかけた大きなテーマの一つに、国直轄事業の負担金問題がありました。

国直轄事業とは、国が自ら行う大型公共工事です。日本の国全体の基盤となるような道路整備、治水整備、港湾整備、砂防整備などは、国自らが事業主となります。国道整備や一級河川整備などですね。ただしこれらの事業は、それが行われる当該地方自治体にも一定の金銭負担をさせています。当該自治体が一定の利益を受けるので、負担も一定させるという理屈です。

ところが問題なのは、自治体の負担について、国は一方的に請求書を自治体に送りつけるだけというところです。その額は数百億円にのぼることもあります。僕も請求書を見てびっくりしましたが、数十億円、数百億円という金額だけが書いてあり、その金額の根拠や内訳はまったく書いてありませんでした。

当時、大阪府では財政再建策として、数百万円の事業でも精緻に精査し、予算を削っていたところ、国からの数百億円の請求には何の精査もなく、請求通りに支払っている状況でした。府庁職員の間でも、これはおかしいと感じていたようですが、国に楯突くと他のところで意地悪をされるかもしれないという地方公務員の悲哀な強迫観念から、国に言われるがままに、莫大なお金を払ってきていました。

これは大阪府だけの問題ではなく、全国の自治体も同様に抱えていた問題でした。そして政治家でもある全国の知事たちの間でも、国直轄事業の負担金についての問題意識は広がっており、全国知事会において度々その話題が取り上げられていました。全国知事会が国直轄事業の負担金制度の廃止を最初に訴えたのは、なんと1959年です。そこから地方側は国に対して廃止を要望し続けていましたが、国は完全に無視していました。全国知事会の「要望」なんてそんな扱いです。

1990年後半から地方分権の流れが起き、有識者委員会である地方分権推進委員会も負担金縮小などを提言しますが、国が本気で取り組む気配はありませんでした。ところが僕が国直轄事業の負担金制度の見直しについてメガトン級の発信をしてから、メディアを通じ国民が動き出し、そして全国知事会も国政選挙の際に、各政党に脅しをかけるようになりました。各政党は、負担金制度の見直しを約束するしかありません。このような状況になってやっと、政府も見直しに向けて動き始めたのです。そして、2010年には、維持管理費負担金が廃止となり、国から地方自治体への請求書には詳細な根拠と内訳が記載されるようになりました。そもそも国直轄事業について、事前に、さらには事業途中に、国は地方自治体に詳細な説明を行い、しっかりとした協議を行うようになりました。地方自治体は国に対して意見を言える機会を十分に得たのです。では、このように国を動かすために、僕はどのようなやり方をやったのか。

僕は、知事に就任後、まずは大阪府の改革を徹底してやり切り、その後、悲願である道州制の実現への前段階として地方分権を推進することに力をシフトしました。しかし、地方分権とは、国の権限と財源を奪い地方に移すことです。国はそう簡単には承諾しません。ある意味、地方と国との戦いです。ゆえに地方と国の単純な話し合いなどではなかなか進みませんので、やはり国民の力を借りるしかありませんでした。そこで、この直轄事業負担金問題をターゲットにして、地方と国の関係の不合理さを国民のみなさんに知ってもらい、地方分権が必要だという国民のうねりを起こそうと考えたのです。

まず、「大阪府は直轄事業の負担金を払わない」と記者会見で宣言しました。現在の法制度上、直轄事業の負担金は地方自治体は必ず払わなければならないのですが、僕は「訴訟も辞さず」と府庁幹部に伝え、支払い拒否の方針を確定しました。僕がこれから国とケンカする意気込み、覚悟、そして気迫が職員に伝わったのでしょうか、いろいろな意見が出ましたが、最後は僕の方針でやっていこうと団結しました。

地方公務員からすると、この直轄事業負担金の不合理さについてうっぷんが溜まりに溜まっていたのでしょう。国に対してモノを申したかったのでしょうが、地方に対する補助金交付決定権限などを持つ国の力は絶大で、地方公務員は不満を飲み込んできたのです。そんななかで、僕が国とケンカすることを宣言した。しかもこれまで何十年にもわたり地方側は国に対して負担金見直しのお願い、要望をするだけだったところ、僕は、直轄事業の負担金は支払わないという歴代の知事の誰もがやったことのない前代未聞の宣言をしたのです。大阪府庁の担当職員も戦闘モードとなりました。

他方、国は、大阪府が支払い拒否なんかできるわけがない、と高を括っていたのでしょう。当初は、負担金の見直しについてきちんと対応します、という雰囲気ではありませんでした。

ところが、ここからメディアを通じての国民のうねりが起き始めます。「法制度上払わなければならない負担金を大阪府知事が支払わない」。メディア、特にテレビメディアが取り上げる格好のネタです。連日、朝から晩まで、テレビメディアがこの話題を取り上げ、コメンテーターが意見をいい、直轄事業負担金制度とはどういうものか、ということが国民の間に知れ渡ってきました。こんなマニアックな行政制度の話なんか、これまで国民のみなさんは通常知ることはなかったし、関心も持ったことはなかったでしょう。普通ならメディアもわざわざ取り上げませんが、大阪府と国との激しいケンカが面白いということで、取り上げていたのだと思います。

そして僕が、地方分権推進委員会の公開ヒアリングに呼ばれました。多くのテレビカメラや記者たちに囲まれている中で、僕は「こんな明細のない請求書を出すなんて、国はぼったくりバーだ」と言い放ちました。

「国はぼったくりバー」

この言葉によって、さらにメディアの報じ方がヒートアップしていきました。

「国は請求書1枚によって、地方から数十億円、数百億円を巻き上げている。国がやっていることは無茶苦茶だ。国の行為は改めるべき」。このような国民のうねりが起きたのです。

この頃、ちょうど自民党から民主党に政権が代わるかどうかという時期でした。全国知事会も、国政政党に直轄事業負担金の見直しを迫りました。普段、全国知事会の活動などメディアは取り上げもしないのに、そのときはガンガン取り上げました。このような状況なので、自民党も民主党も負担金制度の見直しを選挙公約の大きな柱に掲げざるをえなくなりました。こんなマニアックな制度改正が、与野党両方の選挙公約の柱になったんですよ！　もう自民党が勝とうが、民主党が勝とうが、どちらに転んでも負担金見直しが進むだろうというところまできました。

そして民主党が政権交代を果たしました。民主党は負担金制度の見直しに力を入れてくれ、1959年に全国知事会が初めて声を上げてから、実に50年経ってから、負担金制度の見直しが実現したのです。50年ですよ！　国を動かすって、ほんと大変ですが、これがメガトン級の発信と国が嫌がることを徹底的に責めた成果の一つです。

僕の大阪ケンカ道――「なにわ筋線」事業決定までの道のり

いまでこそ賑わっている関西国際空港が、僕の知事就任時、2008年頃は閑古鳥が鳴いていたことはすでに話しました。関空再生策を知事室において専門家を交えて議論しているなかで、大阪の都心中心部と関空を結ぶ高速鉄道が必要だという結論にいたりました。時差に関係なく世界各国から飛行機を迎え入れ、世界各国に飛行機を飛ばす国際ハブ空港は24時間空港であることが必須条件です。しかし24時間空港となると、騒音問題を避けるために、住宅地等から離れた郊外に作るしかありません。そこで郊外の国際空港と都心中心部を高速鉄道で結ぶことが、国際空港戦略の柱として常識であるのに、関空にはそれがありませんでした。鉄道の敷設については国が最終権限を持っています。ところが国は、鉄道を敷設するには莫大なお金がかかることを懸念して動いてくれません。

ちょうどその頃、陸地と関空を結ぶ関空連絡橋を、関空所有から国所有に移す、すなわち国有化するという話が進んでいました。国有化になった方が、連絡橋の通行料金が安くなるのです。その際に、大阪府も数十億円単位で財政負担をしなければならないスキームでした。これは前任の太田房江知事のときに、大阪府と国がいったん約束したものです。しかし、大阪の都心中心部と関空を結ぶ高速鉄道敷設について国は一向に動いてくれません。大阪府は最終権限を持っていないのでどうしようもありません。

どう国に動いてもらうか。連絡橋の国有化のスキームは複雑な利害調整が必要な話で、どこか一つでも歯車がかみ合わなくなると全体が頓挫してしまう話でした。

そこで僕はあえて「国は関空再生に向けてやる気が全くない。ゆえに、関空連絡橋の国有化に際しての大阪府の財政負担は凍結する。知事の予算執行権を行使し、国に対してお金は支払わない」と宣言しました。

大阪府にこんなことをやられると、連絡橋の国有化の話がストップし、ひいては白紙になってしまいます。国が最も嫌がることで、国は慌てたのでしょう。僕がどこまで本気なのかを、府の職員から情報収集していました。僕は「国からいろいろと圧力がかかってくるだろうし、大阪府も国から嫌がらせを受けるかもしれないが、まあ命までは取られないだろう。国にカネは払わない。関空を放ったらかしにしている国は許さん」という姿勢を府庁職員や外に向けて示しました。メディアも僕と国とのケンカとして面白おかしく取り上げます。いろいろな国会議員も僕に連絡を取ってきて、連絡橋の国有化の必要性を説いてきました。しかし、僕は「国有化の必要性は認めるが、関空の再生に向けての高速鉄道敷設案についていっさい見向きもしない国の態度は許せない」と言い続けました。

そして、当時の国土交通大臣である金子一義さんと、大臣室で協議することになりました。国交省は警戒していたのでしょうか、カメラや記者への公開は冒頭のみで、実際の協議は非公開でやりたいと言ってきました。今回は大臣主宰の協議なので、僕はそれを了承しました。

ゆえに、メディア対策は冒頭の数分間のみが勝負です。僕は大臣室に入り、挨拶を済ませて席に座った後、すぐに「地方は国の奴隷ですよ！　国は酷い」と言い放ちました。「地方は国の奴隷」。このフレーズをメディアも大きく取り上げてくれ、国民のみなさんは、細かな内容はよく分からないけど、地方と国の関係は何かおかしいな、というところは十分感じてくれたと思います。

そして非公開の協議。ここが勝負です。僕は「高速鉄道敷設案について国が検討してくれるなら、連絡橋の国有化に大阪府はお金を出します」と持ちかけました。金子大臣も政治家ですから、落としどころとして、高速鉄道敷設案の「検討」までは考えてくれていたのでしょう。

しかし、問題はここからです。大臣が地方の首長に対して検討すると約束しても、普通は口約束で済ませるのが政治行政の慣行だったらしい。まあ大臣の偉さ、国の偉さ、というところでしょうか。ところが僕は弁護士ですから書面化を求めました。大臣の周囲に座っている国の役人が書面化を拒否するよう大臣に助言をしています。僕と金子大臣でやり取りをした結果、金子大臣は自らの判断で書面化すると決めてくれました。そしてその場で、僕と金子大臣で文案作成です。普通なら官僚が物凄い時間をかけながら細かく文言調整をするのでしょうが、僕も金子大臣も政治家ですから、意味のない言葉尻の調整はしません。しかし、この文言があれば国が動く、逆に国が動くのはここまでだという、究極のポイントを押さえた文言にこだわり、そこの攻防戦です。僕は進めたい、大臣は言質を与えず踏みとどまりたい。

最終的には、国が高速鉄道事業の調査をやる、というところで妥結し、それを書面化しました。大阪府の職員は、書面化だけで驚いていました。

内容面ですが、国の鉄道事業調査というのは政治行政の世界では、事業実現に向けての高いハードルを越えたという感覚です。鉄道事業には莫大なカネがかかります。しかし各地方から鉄道事業の要望は山のように出てきます。ゆえに通常は、事業調査すらしません。事業調査とは、精緻にコストと利益を弾く作業です。ここで利益が出るとなれば、鉄道会社もやる気になり、事業が一気に動き始めます。この精緻な調査は、国の技術とノウハウがなければできないことであり、鉄道事業を進めたい地方や鉄道会社は、まず国が事業調査をやってくれるところを第一目標に置きます。

金子大臣の政治家としての英断には感謝しています。もちろん、必要なところは約束し、不要に国の負担になるようなことは約束していません。その後、自民党から民主党に政権交代しました。しかし国と大阪府の約束は書面化されていましたので、政権交代後も、国交省は事業調査の約束は守ってくれました。僕はその後大阪市長に転じましたが、国交省の事業調査の結果、この高速鉄道敷設事業は、「なにわ筋線」として黒字化になることが確定。大阪府の松井知事と協議し、「なにわ筋線」事業を進めることを大阪府・大阪市の基本方針として、関係者の調整に入りました。僕は大阪都構想の住民投票で敗れ、政治家を引退し、大阪維新の会の吉村洋文さんが大阪市長選を制し、新市長に就任しました。松井府政、吉村市政で協議を進め、2017年、ついに計画が確定しました。2008年に金子大臣と書面化したものが、実に9年かかって計画が確定し、そして2031年の開通予定です。メガトン級の発信と国が嫌がることを徹底的に攻めて国を動かした実例の一つです。

僕の大阪ケンカ道——関西国際空港・伊丹空港を統合・民営化

関空は、国から見放されていました。それは開港経緯に原因があります。開港予定の場所が二転三転したあげく、関西の自治体と関西の経済界の強い要望で、かつ民間活力をもって経営するという前提で開港にこぎつけました。ゆえに国は関西でなんとかしろという感覚なんでしょう。加えて国は激しい成田闘争を経て開港した成田空港を大事にしています。成田の住民のみなさんに多大な迷惑と負担をかけたという思いが強いのでしょう。

ゆえに国交省は羽田の国際化さえも渋っていたような状況でした。国際ハブ空港は成田なんだという強い意識です。そのような国の思いは一定理解できます。

このように国は関空の国際ハブ空港化、関空の再生にはまったく無関心であったのが現実です。

しかし、日本という国は東京だけでは引っ張れません。やはり関西、大阪というエンジンも重要です。そのためには関空の再生がどうしても必要になります。もちろん僕が大阪府知事、大阪市長という立場だったものですから、大阪に肩入れし過ぎているところは当然あるでしょうが。

でもとにかく国は関空に目を向けてくれないんですよね。関空再生のための本気の議論をしてくれない。霞が関の役人は東京に住んでいるので、東京のことしか目に入らないのではないかと思ってしまうくらいです。

そして関空についての権限は、大阪府知事や大阪市長にはありません。やはり国が動いてくれないと、何もできないんです。こういう国頼りの中央集権体制はダメだということで、僕は地方分権の推進に力を入れていたんですけどね。

ではどうやって関空再生のために国を動かすか。どうやって関空再生に向けて国で本気の議論をしてもらうか。国が嫌がることを徹底的にやって、議論せざるをえない状況を作るしかないんです。もちろんメガトン級の発信によって、関空再生が必要だという国民のうねりを起こしながら。

当時、関空には経営補助金が、国から年に200億円ほど入っていました。大阪府知事は国からのこの補助金を一円でも多くもらうことが大きな仕事の一つになっていたんです。国への陳情です。しかし逆に考えれば、この補助金があるから、みんな関空再生に必死になっていないところがあった。なまじっかカネがあると、まあ大丈夫だろうとなってしまうんですよね。

一括りに国と言っても、各省庁で立場が異なります。国交省は空港所管で、空港が健全に運営されることを目標とします。ゆえに関空の補助金を確保する立場。他方財務省は予算の所管。一円でもお金の支出が少なくなることを目標とします。ゆえに関空の補助金を削減する立場。

僕は財務省に対して「関空に対しての補助金を止めて欲しい」と要望しました。関空にはもちろん、大阪府庁にも関西の自治体にも関西財界にも大衝撃が走りました。「橋下は何を言ってるんだ！　そんなことしたら関空は潰れる！」とね。

財務省は「大阪府知事がそういうなら喜んで」という感じで、関空について抜本策が講じられなければ補助金は廃止する、という方針を出してくれました。

ここで慌てたのが空港所管の国交省です。さすがに関空を潰すわけにはいかない。オール関西から突き上げを食らうし、航空会社からも突き上げを食らう。補助金がなくなるかもしれないということが目の前に迫り、ここで国交省の尻に火が付きました。

さらに僕は、大阪の地で、「伊丹空港（大阪空港）は廃港にせよ！」と叫びます。大阪府知事は伊丹空港を守ることも大きな仕事の一つですから、大阪府知事が伊丹空港の廃港を叫ぶ衝撃は強烈です。しかも僕は、伊丹空港から車で10分程度のところに住んでおり、伊丹空港活性化の旗を振っている大阪府豊中市の市民です。地元からは非国民扱いでしたよ。さらに伊丹廃港！　と叫びながら、しょっちゅう伊丹空港を利用しているんですから（笑）。

もともと伊丹空港の騒音問題から関空が作られ、関空ができれば伊丹は廃港にする予定だったんです。ところが伊丹の廃港が現実に迫ると、地元経済が衰退していくという懸念が沸き起こった。そこで地元住民は、飛行時間を制限をしたうえで、伊丹空港は残してくれ！　という主張に変えたんです。それで飛行機が関空と伊丹で分散してしまって、関空低迷の原因となってしまいました。

大阪府知事が伊丹廃港を叫ぶのはインパクトがありました。伊丹周辺の自治体が猛反発。兵庫県の井戸敏三知事も猛反発です。僕は伊丹空港周辺の自治体で住民を集めてタウンミーティングを繰り返しました。参加者はみな、伊丹残せ！　の大合唱です。伊丹空港周辺の自治体から選出されている維新の議員も、地元有権者から突き上げを食らって辛かったと思います。それでも選挙のことは横に置き、大阪維新の会は伊丹廃港ということで一致団結しました。空港の地元の知事や大阪における最大勢力の政治グループが伊丹の廃港を求める。格好のメディアネタです。僕と井戸知事の激しいバトルも連日報じられ、専門家やコメンテーターが連日意見します。関西では「関空、伊丹の問題は何とかしなければならない、国は何をしているんだ！」といううねりが起き、これが東京にまで広がっていきました。まさにメガトン級の発信です。

補助金が止められる危機感と、国民の間のうねり。これが相互に作用しながら、当時の国土交通大臣であった前原誠司さんが、国営伊丹空港を差し出して、関空と伊丹を統合した新会社を作り、さらにその運営権を民間会社に売却する、という素晴らしい案を作ってくれました。前原さんとは、天下りが巣くっていた駐車場管理会社や空港ビル管理会社も新関空会社に統合する協議をまとめ、２０１６年に関空伊丹の新会社が空港運営を開始しました。あれだけ低迷していたことが嘘のように、いまでは関空は賑わっています。営業利益は成田を超え、利用客数、就航便数は過去最高にまでなっています。もちろん、年間200億円ほど入っていた補助金は、いまは0です。大阪府知事には何の権限もないながら、関空問題を解決するために、国民のうねりを起こそうと考えて、初めて伊丹廃港を叫んだのが2008年の秋。そこから8年の歳月を経て、関空は見事に再生を果たしました。

このように権限もない自治体の首長が、国を動かそうと思えば、メガトン級の発信によってメディアを通じて国民の間にうねりを起こし、国が嫌がるところを突いて国の尻に火を点けるしかありません。そのためには強烈なメッセージと、命までは取られないという覚悟、腹の括りが必要です。おとなしく正論だけを言い続けたり、世間の批判を気にしたり、選挙を気にしたりしていたら、国とのケンカには勝てません。

僕の大阪ケンカ道——政治グループを作って、政治力を高める

国を動かす最も直接的なやり方は、政権を獲ることです。政権を獲って、適切に霞が関

の官僚組織を動かせば、国は動きます。しかし、いきなり政権を獲るというのは夢物語です。ただ政権を獲らないまでも、沖縄において既存の政党とは異なる政治勢力が政治力を持てば、政府与党も無視するわけにいかなくなります。

沖縄の自民党、公明党の勢力がどれだけ大きくなっても、所詮日本全体の自民党、公明党の中での沖縄支部が大きくなるだけ。東京に存在する自民党、公明党の中央本部の方針に、その沖縄支部は従わざるをえません。沖縄の自民党、公明党の力によって国（政府）が動くことはありません。また、今回の玉城さんの知事選挙のときもそうですが、既存の野党がオール沖縄と称して玉城さんを応援しても、それは安倍自民党を倒すために集結した野合グループにしか過ぎないので、選挙が終わればまたいつもの各野党に戻ります。これだと一強と言われる安倍自民党や政府は、オール沖縄の勢力を恐れることはなく、オール沖縄の声によって国（政府）が動くことはありません。結局、沖縄に存在する既存の政党では与野党どちらであっても国を動かすことはできないのです。ゆえに既存の政党とは異なる政治グループが沖縄に必要なのです。

また古くは、大前研一氏の「平成維新の会」というグループが誕生したこともありましたが、耳目を集めているそのようなグループの看板を利用したいがために、既存の政党に所属する国会議員や立候補予定者たちが、そのグループの会員になったり勉強会に参加したりすることがブームになったことがあります。しかし彼ら彼女らの所属はあくまでも既存の政党ですから、所属政党の方針や決定に従います。平成維新の会も、会員や勉強会に参加した国会議員を動かすことができず、結局何もできないまま消えていきました。その後、元三重県知事の北川正恭氏が「せんたく」という集団を作りましたが、これもサークル的勉強会的なものであり、所属メンバーを動かすことができず、結局雲散霧消となりました。

やはり政治力を発揮し、政治や行政、ひいては国を動かそうとするなら、サークル的勉強会的グループではダメで、所属メンバーをきちんとコントロールできる「政党」でなければなりません。政党ということになると、そのグループで選挙に乗り出し、選挙に勝たなければなりませんが、選挙に勝つという莫大な労力を割くからこそ、政治力を持てるのです。平成維新の会やせんたくは、既存の政治家を集めるだけなのでお手軽に発足でき、選挙に勝つという手間暇がかかりませんが、そのお手軽な分、政治力は生まれません。国を動かす政治をするなら、グループで選挙に勝ち抜いて誕生する「政党」になる必要があります。

よって既存の野党を寄せ集めたオール野党ではなく、本当に沖縄問題を解決するための新しい一つの政党を作って、選挙で政府与党と戦う。しかも沖縄県内だけの勢力では政府与党はビビりませんので、沖縄県外にも勢力を広げていく。このようなチャレンジが沖縄には必要なのだと強く思います。

沖縄問題の解決のために、新しい一つの政党を作る。このような政治的方針は、いま、各野党に散らばっている政治家や多くの沖縄県民から共感を得られるのではないでしょうか？　もしかすると、政府与党である自民党や公明党に所属している沖縄の政治家であっても、沖縄問題の解決のためなら、いまの党を飛び出して、沖縄問題を解決する新党に参加してくれるのではないか。僕はそう考えます。

大阪では大阪問題を解決するために、僕は、大阪維新の会という政党を立ち上げました。大阪の改革をやりたい！　と思っていた自民党所属の大阪府議会議員が自民党を飛び出して参加してくれました。その後、選挙、選挙の繰り返しでメンバーを増やし、国政政党化も果たしました。0から政党を立ち上げたので、国政政党の方は離合集散を繰り返しましたが、それでも現在も日本維新の会として一定の国会議員団勢力を保っています。

大阪維新の会、日本維新の会が勢力を拡大する過程において、松井知事と、菅官房長官の間に強固な人間関係が構築されました。松井知事の要望が、真に大阪のためになる、ひいては日本のためになると判断したときには、菅官房長官は霞が関の官僚組織を動かして、それを実行してくれます。まさに国が動くのです。もちろん、日本維新の会所属の国会議員が、政府与党に対して一生懸命働きかけや政治的交渉をやってくれている環境もベースとなっています。確かに大阪にも自民党はあります。しかしこれは、自民党の大阪支部。大阪の自民党には東京の自民党本部を動かす力はありません。しかし日本維新の会は自民党とは全く異なる独立の野党政党です。所属国会議員数は少ないですが、それでも安倍自民党のために汗をかけば、政府与党からは感謝される存在です。これに松井知事と菅官房長官の人間関係が加わって、いまの大阪は、維新の会という政党の政治力をテコに、ある程度国を動かす力を持っている状況です。

大阪は、松井知事の力、大阪維新の会の力、日本維新の会の力をフルに使って、リニア中央新幹線の大阪開通時期を8年前倒しにすることを実現しました。2027年に東京・名古屋間が開業しますが、その後JR東海の財務体質を改善するのに8年間時間を置き、その後大阪までの工事を着工する予定でしたが、国が財政投融資を発行して3兆円を調達。これをJR東海に融資することで、8年間の据え置き期間をなくす方針に変わりました。

うまくいけば２０３７年に東京と大阪が60分でつながります。国が動いてくれたのです。

沖縄ビジョンXのところで散々話した統合型リゾート（ＩＲ）ですが、これは僕が知事に就任した直後に、大阪の成長戦略すなわち大阪ビジョンXに位置付けたものです。カジノ誘致は大阪の悲願でした。しかし法律が必要です。世論の反対の雰囲気から民主党政権では進まず、自民党政権になってからも、公明党の反対などでなかなか進まなかったところ、安倍首相、菅官房長官の官邸主導で、ＩＲ法が成立しました。日本維新の会が安倍政権に対して政治的協力を行ったことが寄与していたことは間違いありません。うまくいけば、大阪において２０２４年に開業予定です。

大阪の最後の一等地と言われていたＪＲ大阪駅北側部分（うめきた）の大規模開発計画ですが、敷地の売却処分について利害関係者の利害が複雑に絡み、なかなか前に進みませんでした。そこに国が動いてくれて、ＵＲ（都市再生機構）が間に入り、土地の権利関係が整理できました。現在その計画は着々と進んでおり、都心のど真ん中に緑あふれる最先端の街が誕生します。うまくいけば２０２４年に街開きの予定です。

２０２０年東京オリンピック後の国家イベントとして、ＩＲを誘致しようとしている大阪湾埋め立て地において、２０２５年に大阪万博を開きたいと松井知事や大阪維新の会は考えていました。しかし自治体が立候補するオリンピックと異なり、万博は政府が立候補するものです。ここでも国が動いてくれて、大阪万博誘致に政府が立候補してくれました。そして安倍官邸の大号令のもとに、政府、経済界、大阪府庁、大阪市役所が一丸となって誘致活動に取り組み、見事、大阪万博開催が決定となりました。

２０１５年5月17日に、僕が政治的エネルギーの全てを注ぎ込んだ大阪都構想の住民投票が実施され、都構想否決となりました。ここに至るまでの話は、それこそ本１００冊分くらいになります（笑）。ただ、国の協力がなければ住民投票実施までに辿り着くことはできなかったでしょう。大阪都構想の設計図にあたる法定協議会の協定書を確定させるためには、膨大な量の国との調整事項が存在しました。国との調整が進まなければ住民投票の時期がズルズルと伸びていったと思います。しかし官邸がバックアップしてくれて、国との調整は非常にスピーディーで、大阪側と国の見解がぶつかっても、国は柔軟に対応してくれました。そして何よりも、住民投票を実施するためには大阪市議会の承認が必要です。ところが大阪市議会で維新の会は過半数がありません。そこで東京の公明党本部と、衆議院議員選挙の候補者調整を行い、「大阪市議会の公明党が住民投票の実施に反対するなら、公明党の衆議院議員選挙候補者に維新の候補者をぶつける。橋下、松井が立候補して公明党と徹底的に戦う。住民投票の実施に賛成してくれるなら、公明党の候補者のところに維新は候補者を立てない」と持ち掛け、最後は、大阪市議会の公明党は住民投票の実施に賛成してくれました。まあ、公明党の賛成とは住民投票をやることまでの賛成で、住民投票が始まれば都構想じたいには反対してもいいと約束していたので、実際、公明党には都構想反対運動を徹底的に展開されて、都構想は否決となりましたけどね（笑）。

これらの政策、方針は全て大阪のビジョンXに位置付けていたものです。このように、大阪は、維新の会の政治力でもって国を動かし、大阪のビジョンXを実現してきました。そうであれば、国を動かして沖縄ビジョンXを実現するために、沖縄においても沖縄問題を解決するための新党を結成することは、非常に有効な政治手段だと思います。いまや、国をも動かすかなりの政治力を持った大阪維新の会や日本維新の会でありますが、2010年の発足当初はたったの6人でした。沖縄でもやれるはずです。

国とケンカをするための、有権者からの強烈な支持の集め方

沖縄が国とケンカをするにしても、また沖縄問題を解決するための新党を作るにしても、沖縄のリーダーである玉城知事が、有権者から強烈な支持を得る必要があります。民主国家における政治力の源は結局のところ有権者からの支持率です。そしてその支持は沖縄県内にとどまるものではなく、沖縄県外からも支持を受けるようなものでなければなりません。

メディアを通じて国民の間にうねりを起こすにしても、玉城知事が沖縄県内だけではなく、県外からもある程度支持、応援をされていないと、日本全体でのうねりは起きません。国民の間のうねりは、全国民の沖縄への関心と、沖縄を応援したいという気持ちから生まれるので、玉城知事への全国民からの支持が必要になります。

また国も玉城さんの支持率、しかも沖縄県以外での支持状況をじっと見ています。日本は民主国家なので、有権者の声によって政治行政が動くことは当然のことです。有権者から支持を受けている者は強い。したがって玉城さんの言うことにどこまで耳を傾けるべきか、国は玉城さんの県内外における支持状況を慎重に観察しながら考えています。支持率が高ければ、メディアを通じて国民の間にうねりが起きる。そのことを国は非常に気にしています。自民党としても、玉城さんの支持率が高く、新党結成にでもつながれば、選挙のときにやっかいになります。ゆえに玉城さんの支持率が高ければ、できるかぎり玉城さんの言うことに耳を傾け、激烈な対決状態に陥らないようにするでしょう。

このように玉城さんの支持率は非常に重要なのです。そして繰り返しになりますが、国を動かすには全国民に動いてもらう必要があり、そのためにも沖縄県内だけでなく県外の支持率が特に重要となります。

では、沖縄県知事が、沖縄県外で強烈な支持を受けるにはどうしたらいいか？ それは徹底的に沖縄の改革を実行して、その実行力を県外に示すことです。

小池百合子さんは自民党と激しくバトルをやって、東京の有権者の支持を集め、見事、東京都知事に就任しました。その後もオリンピック組織委員会会長の森喜朗さんとバトルを繰り広げます。オリンピック予算が不透明だ！ お金をかけすぎている！ と、ぶち上げたのです。そして東京では大きな課題となっていた築地中央卸売市場の豊洲移転問題では、豊洲移転が既定路線になっていたところ、小池さんは豊洲移転にストップをかけました。

小池さんはテレビでキャスターを務めていただけあって、どのように振舞えばメディアが取り上げるのか、有権者の支持を集めることができるのか、よく知っていたのだと思います。小池さんも、ケンカ、対決、バトルを中心に考えていたのでしょう。

そこは僕も同じ考えです。しかし僕と小池さんの考え方の違いは、僕は、メディアを通じての国民のうねりは一過性のものであって、改革の実行力がベースになければ、支持は一過性のもので終わってしまうという考えです。他方、小池さんはメディアを通じた国民のうねりでそのまま押し通せるという考えのように思われます。

というのも、小池さんが豊洲移転にストップをかけた際、僕は「豊洲問題も重要かもしれないが、まずは初年度の予算編成に全エネルギーを注力して、東京都政の大改革を実行することが先ではないか」と指摘し続けました。知事の権力行使の柱は予算編成です。兆円を超える莫大な予算を組むにあたって、改革を大胆に実行していく。マキャヴェッリも、君主は統治するにあたり最初にドカーンと大事業を行って周囲に衝撃を与えることが重要であると言っていますが、知事も同じです。最初の一発目にどれだけ大改革を実行できるかでその後の評価が決まると思います。知事の大事業と言えば、予算編成。ここで小池流大改革予算編成を実行するには10月から取りかからないと間に合わないところ、8月から始まったオリンピック騒動に続いて、9月以後も豊洲問題で大騒動をやるのは得策ではないと感じました。東京都のホームページに掲載されている豊洲移転に関する資料を全て読むと、小池さんが勘違いしていることも分かりました。豊洲は法律上の安全基準を満たしているし、築地は豊洲と比べて安心・安全レベルが低いということは資料をしっかり読めばすぐに分かる事柄で、そうであれば莫大な政治エネルギーを割いて、豊洲移転をストップさせるのは非常に無駄となります。どうせ最後は豊洲に移転することになるのですから。僕はその旨を、小池さん側近の東京都特別顧問に伝えましたが、彼も小池さんの豊洲移転ストップ方針に賛成のようでした。

そして、小池さんはオリンピック問題と豊洲問題に突き進みます。確かに面白いバトルであるし、豊洲は次々と欠陥らしき事柄が――最終的には欠陥ではなかったのですが――出てきて、もうテレビワイドショーは連日連夜、オリンピック問題と豊洲問題を報じていました。それに合わせて全国民の小池さんに対する期待もうなぎ上りです。僕は、小池さんのメディアの使い方、有権者からの支持の集め方は、僕よりはるかにうまいなと舌を巻きました。

その後、大阪維新の会の軌跡と同じく、小池さんは都民ファーストの会を結成し、都議会議員選挙で大勝利。さらに維新の会と同じく、国政政党希望の党を結成しましたが、ここで大逆風に遭い、失速しました。政治に浮き沈みは付きものです。僕も8年間の政治生活の中で、浮き沈みは半端なく激しかった。だから小池さんの現在の状況だけで、小池さんは失敗したと断じるつもりはありません。

ただ残念なのは、あれだけ全国民の期待を背負った小池さんだったのに、小池都政に目を向けると大改革に挑戦した、大改革を実行したというイメージが非常に薄くなってしまっていることです。

一自治体の首長が、全国的に有権者からの支持を得るのは至難の業です。しかしそのような支持がなければ国とのケンカに勝てません。では全国的な支持を集めるためにはどうしたらいいか。それは知事の権限をフルに使って大改革に挑戦し、その実行力を全国民に知ってもらうしかありません。オリンピック問題や豊洲問題のように単発の課題の改革ではなく、知事の予算編成全般にわたる総合的な大改革です。その実行力を示すことができれば、全国民から応援をしてもらえます。

自治体大改革が有権者からの支持獲得のポイント

僕の経験を話します。知事に就任した2008年の頃ですが、大阪府はそれまで粉飾決算をしていました。5500億円の借り入れを隠していたのです。しかも、粉飾決算をしても赤字は解消しないという、ほんと酷い財務状況でした。大阪経済は不振に陥り、低所得者の割合は他都市に比べて高く、犯罪率、少年非行率、失業率、離婚率、自殺率などなどあらゆる指標がワーストという、いわゆる「大阪問題」が山積していました。

このような状況の中で、僕がまず手を付けたのは、大阪府の財務状況の正常化と税が公平に使われるようにするための既得権破壊改革でした。地方は国のように紙幣を刷る通貨発行権を持っていませんので、国よりも厳しい財政健全化が必要になってきます。また税が大阪社会の必要なところに隅々届くようにするには、既得権打破が必要です。血管が目詰まりを起こしている患者さんに大量の輸血をしても意味がありません。まずは血管の目詰まりを治すことが一番で、目詰まりがなくなった血管に血を流すことで、患者さんの身体の隅々に血が巡るのと同じです。

そこで僕は、知事就任時にすでに決まっていた2009年度予算を凍結し、年間1100億円の収支改善と既得権を打ち破ることを方針とした「大阪維新プログラム」をまとめ、その改革を断行しました。僕の給料や退職金をカットすることはもちろん、公務員職員の給料カットも断行し、天下りやハコモノ施設の見直しや、補助金の縮小・廃止などあらゆる改革をやったので、給料がカットされた職員からは当然ですが、施設の利用者やこれまで補助金をもらっていた人たちからも猛反発を受け、大阪中が大騒動になりました。メディアも連日、大阪改革を取り上げていました。

いたるところから反対の声が上がるなか、僕は、反対者の説得を試みたり、ときにはケンカ別れしたり、修正に応じたりしながら、最後は議会の承認を受けて、改革を達成することができました。当初、年間1100億円の収支改善など絶対に無理だと言われていたことをやり遂げたことで、府民のみなさんから強い支持を受けることができたんだろうと自己分析しています。これが知事就任後半年間のことでした。

他方、補助金を削減していくだけでなく、必要なところには予算を拡大していきました。不要なところは削って、必要なところを増やす。これを「予算の組み換え」と言います。言うのは簡単なんですが、やるのはほんと大変なんですよ。補助金を削られる方は、そりゃ必死になって抵抗してきますから。普通は予算拡充をするには、その財源は借金で賄うんです。そこを僕は、借金に頼らず補助金改革で財源を生み出そうとしました。

不要な補助金を削って、必要なところにお金を回すという民間であれば当たり前の「経営」をやったまでなんです。特に、教育政策や子育て支援策の予算を拡充し、そこにお金を回しました。おじいちゃん、おばあちゃんにはよく怒られましたね。「あんたは高齢者に冷たい！」「いまの大阪を作ったのはわてらなんやで！」「もう選挙であんたに投票はせん！」とね。かたや、あれだけお金を回した子育て世代のお父さん、お母さんは政治には無関心で、選挙に行かない。これだと、政治家は高齢者の方ばかりに目を向けた政治をやってしまいますよ。

大阪市長に就任しても、知事のときと同じような改革を断行しました。大阪市役所の改革の方が、抵抗勢力が強く、やりがいがありましたね（笑）。

結果、一例を挙げると、大阪府では公立だけでなく、私立の高校も原則無料で通えるようになっています。高額所得者家庭には授業料を負担してもらいますが。また、大阪市では僕の後任の吉村市長の頑張りで、5歳児、4歳児も無料で保育所や幼稚園に通えるようになりました。中学生が塾に通う授業料についても補助が出ます。

このような大阪での先行的な教育無償化政策は、増税など一切やらずに、借金を減らしながら実現できました。国は消費税の増税をし、さらに借金を増やして教育無償化政策をやろうとしています。国会議員は甘えすぎ！　もっと厳しく頑張ってもらわなければなりませんね。

予算大改革の中で、天下り団体への補助金の見直しも当然行いました。併せて天下り原則禁止条例を制定したので、天下り団体は一気に減っていきました。沖縄にも補助金漬けになっている天下り団体がたくさんあると思います。改革のしがいがあると思いますよ（笑）。

予算の大改革に一区切りが付けば、今度は大阪の成長戦略の実現です。大阪府と大阪市が一体となって大阪ビジョンXを作ったことは、すでに話しました。この大阪ビジョンXを実行したことによって、大阪の様々な経済指標は上向きになりつつあります。

大阪の有効求人倍率は上がり、失業率は下がっています。訪阪外国人観光客数の増加率は全国、いや世界の中でトップクラスです。地価上昇率や百貨店の販売額上昇率も全国の中でトップクラスです。ホテル稼働率も80％を超えており、なかなか予約が取れません。うれしい悲鳴です。

そして何度も話したように、2025年大阪万博の開催が決まりましたが、これも大阪のビジョンXを実行した結果です。

あと、民間活力を導入することも徹底しました。「民間でできることは民間に」。さらに「特定者だけに権利を与えるのではなく、入札によって切磋琢磨してもらう」。これらは僕の政治の基本哲学です。細かな話ですが、みなさんの日常生活で目にするレベルの例として、大阪市営地下鉄――いまは民営化して大阪市高速電気軌道株式会社（Osaka Metro）と

大阪市営地下鉄駅構内売店の変化

なっていますが——の駅の売店の話をします。

当時、市営地下鉄の駅の売店は、大阪市交通局職員の天下り団体が運営していたんです。天下り団体は特権的な既得権を持っていて、大阪市役所から格安で売店用の敷地を借りていました。随意契約というやつです。民間企業が役所から敷地を借りようと思ったら、厳しい入札において競争に勝たなければなりませんが、天下り団体は競争にさらされることなく、特権的に毎年、毎年、格安で敷地を借りるわけです。

さっそく市営地下鉄の駅売店を公募入札しました。そしたら、案の上、民間事業者に切り替わりました。ローソンが入りました。見てください。左の天下り団体のときは、天下りのごちゃっとした風情でしょう？　右の民間の方を見てください。民間の清新なすっきりした感じじゃないですか！

見た目だけではありません。民間運営になったら取り扱う商品の種類や数は増えたし、単なる売店ではなくコンビニエンスストアになったことで、ここで公共料金を支払うこともできるようになったんです。利用者にとっては便利になったわけです。そして大阪市役所にとって一番のメリットは、売店の賃料ですよ。天下りのときよりも、約5倍の賃料を民間は払ってくれるんです。これだけで市役所は増収。これまで天下りが運営していた時は、安い賃料で場所を借りて、売り上げを上げていた。差額の利益が大きくなっていたんですね。それを入札にすることで賃料が適正価格になり、利益も適正になった。天下りにわたっていた過剰な利益が、市役所や利用者に還元されることになったんです。

こういう事例が山ほどあって、市役所と天下り団体との随意契約を入札に切り替えたところ、随意契約は、どうしても随意契約をしなければならない救命救急事業などを除いて、80%以上カットできました。いま、大阪では、民間事業者と天下り団体が凌ぎを削って競争しています（笑）。競争によってサービスはよくなるし、コストは下がるし、市役所は増収になるし。沖縄でも多くの天下り団体が美味しい思いをしていませんか？（笑）天下り団体が美味しい思いをしているということはみなさんが損をしているということなんですよ！

沖縄にも課題は山積していると思います。大阪と同じでしょう。そんななか、基地問題だけ、しかも普天間基地の辺野古移設に反対している姿勢だけだと、全国民的な支持を集めることは難しいと思います。さらに玉城さんは対話を強調している。対話は重要です。しかし対話をしているうちにも、どんどん辺野古移設の工事は進んで行きます。このままでは辺野古移設も止めることができず、沖縄の大改革も進まない。沖縄にとって最悪の状況に陥る可能性があります。

まず沖縄を活性化するための沖縄ビジョンXを確立する。繰り返し言いますが、普天間基地の辺野古移設に反対しているだけでは、沖縄は活性化しません。沖縄の活性化が第一目標です。そして沖縄ビジョンXの実現のためには国を動かさなければなりません。国を動かすためには、国とケンカをするしかない。場合によっては、辺野古移設を認めることとの引き換えに沖縄ビジョンXの実現を迫る、という政治もありかもしれません。

国とのケンカに勝つためには、強烈なメガトン級のメディア発信と、覚悟と気迫をもって国の嫌がるところを攻めていくという政治手法をとるしかない。そして県内だけではなく県外からも有権者の支持を得る。そのためにはまず、沖縄県の予算大改革を実行する。いまの玉城さんの辺野古移設反対を唱えるだけの政治的態度振る舞いでは、沖縄に未来は拓けないと思います。

衝撃的なケンカ殺法――住民投票という切り札

沖縄県において2019年2月24日に住民投票を実施することが決まりました。住民投票のテーマは、「普天間基地の辺野古移設の賛否」というものだそうです。

沖縄が国とケンカするには、住民投票は最高の武器になると思います。しかし、辺野古移設への賛否というテーマではダメでしょう。なぜならそのような沖縄県民の民意は、玉城さんが当選した知事選挙ですでに示されているからです。仮に辺野古移設反対という住民投票の結果となったとしても、本土から見ると、知事選挙の結果と同じだよね、と捉えられるでしょう。

国を動かすには、強烈なメッセージの発信で国民の間にうねりを起こし、国が嫌がることを徹底的に攻めることだと繰り返し言ってきました。沖縄ビジョンXを実現するために、沖縄が本気で国とケンカをするには、「普天間基地の辺野古移設の賛否」というメッセージでは弱すぎる。「沖縄独立の賛否」「中国政府に沖縄の港を貸すことの賛否」くらいの強烈なテーマでの住民投票をやるべきだと思います。

このような住民投票をしかければ、政府与党だけでなく本土の国民にも大衝撃が走り、否応なく沖縄問題の解決に向けて、すなわち沖縄ビジョンXの実現に向けて日本全体の動きが起きると思います。これくらいのことを政府や本土の国民にぶちかまさなければ、政府や本土の国民は沖縄問題を真剣に考えない。これくらいのことをぶちかませば、ケンカの舞台が沖縄県内から国会や霞が関に移るでしょう。

沖縄はこれまで本土の政府与党に、基地負担軽減や沖縄振興策をお願いする立場でした。しかし沖縄の地政学的な重要性をよくよく考えると、沖縄の方が本土を守ってあげているのです。つまり沖縄は、本来、政府与党や本土の国民からお願いされる立場なのです。さらにその地政学的な重要性から、中国は沖縄周辺の空域や海域を支配したくて仕方がない。いまは沖縄は日本の領土ですから、中国にとって沖縄は非常に邪魔な存在ですが、もし沖縄が中国側に寄れば、これほど中国にとってありがたい話はないわけです。

いま、沖縄は本土に対して頭を下げていますが、本来は、日本本土からも、中国からも頭を下げられる立場なのです。そしてそもそも沖縄は、かつては独立してやっていた歴史がある。

このような沖縄の立場を踏まえ、沖縄は「沖縄独立の賛否」「中国政府に沖縄の港を貸すことの賛否」を問う住民投票をしかけて、沖縄が日本から逃げてもいいのか、特に中国側に寄ってもいいのかどうかを、政府与党や本土の国民に対して突きつければいいのです。このような住民投票を突き付けられて、政府与党や本土の国民は、はたと気付くでしょう。「沖縄に逃げられたら日本は大変なことになる！」「特に中国側に寄られたら大変なことになる！」「沖縄を引き留めるためには、沖縄の言い分をある程度聞かなければならない」と。もちろんその住民投票で独立賛成多数の結果が出たとしても、それだけで沖縄が直ちに日本から独立できるものではありませんが、沖縄の覚悟と気迫を本土に強烈に伝えることになりますし、沖縄が日本から独立した時の日本のデメリットが、よりリアリティをもって本土の国民の間で議論されるでしょう。同じく、住民投票で中国政府に沖縄の港を貸すことが賛成多数となっても、そのようなことが直ちに実行されるものではないでしょうが、沖縄が中国に寄っていったときの日本の非常な危機が、これまたリアリティをもって本土の国民の間で議論されることになるでしょう。

政府与党や本土の国民にとって一番嫌なことを徹底的に攻めていく。そしてこんな住民投票をしかければ日本中で大騒ぎになるでしょうから、超メガトン級の発信になります。内容的にも単なる空騒ぎではなく、沖縄の地政学的な重要性、日本の安全保障、ひいては沖縄問題を日本中で徹底的に議論することになると思います。まさに国民の間でうねりが起きる可能性がある。もちろん沖縄県内でも徹底的に議論されます。

中国政府に沖縄の港を貸すことは、理論的に考えても、荒唐無稽な話ではありません。県所管の港や、同意してくれる民間の港であれば、中国の公船を寄港・停泊させることは可能でしょう。国とは激しいケンカになると思いますが、中国軍艦を寄港・停泊させることも法理論的には可能です。尖閣諸島周辺で中国の公船・軍艦が日本の領海を侵犯したという報道を最近よく見聞きしますが、領海に侵入したからといって直ちに領海侵犯になるわけではありません。海は原則万人に開かれたものという考えより、その沿岸国に害を与えなければ領海に侵入できる（無害通航権）というのが国際法の考え方です。外国軍艦の侵入が無害なのかどうかについては法的な論争はありますが、中国軍艦も礼儀正しく日本国に害を与えないような航行をするのであれば、日本の領海内を航行し、沖縄の港に寄港・停泊することも可能だと理屈をこねることも全く不可能ではありません。もちろん日本政府は猛反発してくるでしょうが。

この無害通航権の理屈をもって「沖縄ビジョンXの実現に日本政府が力を貸してくれないなら、日本とはもうおさらばだ。沖縄県営の港に中国公船さらには中国軍艦を迎える！」とぶち上げたらいいのです。こうなってくると、単なる沖縄県内の住民投票という枠にとどまらず、日本全体の課題に昇格します。ケンカの舞台が、国会や霞が関、そして本土全域に移ります。国民の間で大きなうねりが起きます。

ケンカをするなら、最後は覚悟、気迫です。「政府与党や本土の国民が沖縄の主張に一切耳を傾けてくれないのであれば、沖縄の方から日本にさよならを言い渡す。そして日本が一番嫌がること、すなわち沖縄に中国の拠点を作ることに本気で取り組むぞ」という覚悟と気迫を持って、政府与党や本土と交渉しなければ、政府与党や本土を動かすことはできない。

沖縄県民に日本からの独立意識が高まり、沖縄が本気で中国寄りになることを考えれば、政府与党としては沖縄ビジョンXの一つや二つ、いや全てを実現したとしても、沖縄が翻意してくれるならお安い御用です。沖縄に中国の拠点が来ることは、日本にとってもアメリカにとっても安全保障上の最も重大な脅威ですから、沖縄ビジョンXの実現くらいのことである程度お金がかかったり、一国二制度を認めざるをえなかったりしても背に腹は代えられません。政府与党は必ず、穏便な方向に収めようと歩み寄ってくるはずです。沖縄はいまは、普天間基地の辺野古移設に様々な抵抗をしかけていますが、防戦一方です。防戦だけでは事態は開けません。やはり攻撃に反転しなければならない。「沖縄の独立」「沖縄の港を中国に貸すこと」を問う住民投票は、沖縄の反転攻勢のきっかけになるでしょう。

そこで沖縄ビジョンXをもう一度見てみてください。僕は普天間基地の辺野古移設反対を掲げていません。あくまでも米軍基地を設置するにあたっての一般的な手続き法を制定して、まずは法制度上沖縄と本土をフィフティー・フィフティーの関係にし、その上でいったん辺野古移設を進めていく。しかし辺野古移設が永久的に固定化しないように、2006年の日米ロードマップを超える、日本全体における米軍基地の在り方の将来像を決める。そこで本土と沖縄の基地負担の割合を見直して、この米軍基地設置手続き法をもって沖縄の米軍基地を本土に移していく。このように考えています。

物事は一気に理想のかたちに進みません。段階を追って理想にたどり着かせるのが現実の政治です。まずは沖縄活性化のための沖縄ビジョンXの実現。辺野古移設の件も、沖縄ビジョンXを実現するための有効なカード、すなわち沖縄の強烈な譲歩の玉として活用すればいいとも思っています。辺野古移設で沖縄が譲歩してくれるなら、当然、沖縄ビジョンXの実現について政府与党や本土は譲歩しなければならないでしょう。沖縄ビジョンXによって沖縄の活性化をはたしつつ、米軍設置手続き法によって沖縄の基地を本土に移し、沖縄の負担を軽減していく。

これこそが沖縄問題解決のための実行プロセスだと思います。普天間基地の辺野古移設が中止になっても沖縄は活性化しません。まずは沖縄の経済活性化を目指すべきです。さらに、普天間基地の辺野古移設反対を叫んでも、沖縄の基地負担軽減を叫んでも、沖縄の振興を叫んでも、叫ぶだけでは何も実現できない。実現するためには、具体的な実行プロセスが必要で、これを策定し、実行するのが政治家の役割です。そして実行するには、政治的なケンカを大々的にやる必要が生じますが、そのケンカは政治家にしかできません。

そのような観点からすると、来年2月24日の住民投票は早すぎたと思います。住民投票は、沖縄と国とのケンカがある程度ピークに達したときに使う切り札です。しかも住民投票のテーマも、「普天間基地の辺野古移設の賛否」というインパクトの全くないものになってしまった。非常にもったいない切り札の使い方です。

本来の手順としては、まずは玉城さんの全国的な支持率を上げること、ビジョンXをしっかりと作ること、ビジョンX実現のために国に対して前哨戦のケンカをしかけること、そのようなことでメディアを通じて国民の間にうねりが起きてきたら、住民投票で最終決戦をしかける。国とのケンカに勝つためには、そんなプロセスであるべきでした。

僕も政治家時代、まずは知事の予算編成権を使って大阪の大改革を実行し、そこで一定の支持を集めてから国とケンカをしました。そこからさらに支持を集めて、大阪維新の会、日本維新の会を結成し、最後の仕上げに、大阪都構想の住民投票に挑みました。大きく物事を動かそうとするには順番がある。ケンカをするにも順番というものがあるんです。玉城さんはその順番を間違えたんだと思います。

そうは言っても、早々と住民投票が決まってしまいました。しかもその内容はインパクトのないものです。今回の住民投票で辺野古移設反対が多数となっても事態はそう変わらないと思います。しかし、住民投票は沖縄県議会が可決すれば何回でも実施できます。今回うまくいかなくても、次回の住民投票、しかも「沖縄独立の賛否」「中国政府に港を貸す賛否」という強烈なインパクトの住民投票に向けて、僕の今回の話を参考に準備してもらえればと思います。仮にそのような住民投票が実施できなくても、そのような動きが沖縄においてちょっと生じるだけで、国民の間にうねりが起こり、国が動く可能性が高まると思います。

沖縄独立の覚悟と気迫が国を揺さぶる

突然ですが、次のような世論調査の結果があります。いまの沖縄のみなさんはどう思っているのか気になりますね。

「沖縄県の今後についてうかがいます。あなたは、沖縄県はどのような自治のあり方を目指すのがよいと思いますか」

今の沖縄県のままでよい35％　より強い権限を持つ特別な自治体になる51％

日本から独立する4％

（朝日新聞「沖縄県民世論調査」2017年5月12日）

2017年の県民世論調査の結果では、独立派は極めて少数ですが、より強い権限を持った特別な自治体になりたいという意見が半数を占めるところが面白い。これまさに、日本の国内で、日本の一般的な制度と異なる制度、すなわち一国二制度を求めているということです。そして、国が絶対に認めない一国二制度を勝ち獲るなら、覚悟を決めて日本から独立する意思を国にぶつけて国を揺さぶり、そこから交渉の上、一国二制度を勝ち獲るという、ちょっと乱暴なやり方も必要になると思います。坊ちゃんお嬢ちゃんのようなやり方なら一国二制度は勝ち獲れません。現に、与那国町は2005年に独自に「国境交流特区」として自立する道を描き、台湾との自由往来を実現させようと国に働きかけましたが、いつもの通り国が様々な難癖を付けてきて、結局実現化できていません。地方が特区を申請すると、国は必ずそれを潰してきます。いずれにせよ、国の制度で国の言いなりになるのではなく、沖縄の自治をもっと認めてくれ！　というのが沖縄県民の意思なんでしょう。これは全国の自治体でも同じでしょう。どこの住民も、もっと自立してやっていきたいと思っているんです。だからこそ、地方分権の推進が必要なんです。しかしそれは、おとなしい話し合いでは進まない。国と強烈なケンカをして勝ち獲っていかなければならないことなんです。

そういう意味で「日本政府があまりにも沖縄のことを蔑ろにして、沖縄の言うことを何も聞かないんだったら、沖縄も本土の言うことは聞かない。沖縄は本土に一切協力しないぞ」という態度を取ってみることも、政治なのではないでしょうか。

そして、中国側と引っつくぞという姿勢を示してみる。これは日本政府が最も嫌がり、恐れることです。そんなことを玉城さんが言い出せば「なんちゅうことを言い出すんだ。日本の安全保障を考えているのか！　お前らは、非国民だ。日本人じゃない！」と批判してくる者が、本土からうじゃうじゃ出てくるでしょう。自民党の政治家の多くもそのように言ってくるでしょう。そうしたら沖縄のみなさんは「俺たち私たちが日本人じゃないだと？　ふざけるんじゃない。俺たち私たちを日本人扱いしないのは、お前ら、本土の方じゃねえか！」と言い返してケンカしたらいいんです。それでもう、中国とこれみよがしに付き合っていく。中国としては大歓迎になるでしょう。中国というのは目ざとい国ですから、自分にとって必要なエリアはどんどん取り込んでいく。真珠の首飾り戦略とも言われていますが、アメリカのインド太平洋における勢力やインドに対抗するために、南シナ海を実効支配して、バングラディシュ、パキスタン、スリランカ、ジブチなどに中国の拠点作りを進めています。拠点作りのためにはその国にも投資をする。まあ狙った国を借金漬けにして返済できないようにして、借金のかたに港を取っていくというヤクザ顔負けの方法も報道されていますけど。

沖縄の地政学的な重要性からすると、中国は沖縄における中国の拠点を喉から手が出るほど欲しいことでしょう。ですから沖縄の方から中国に対して、港を使ってください、土地にも企業にもどんどん投資してくださいと言えば、もう中国は拍手喝采で、どんどん投資してくるかもしれません。国会議員や本土の人たちは、対馬で韓国人が土地を買っているとか、沖縄で中国人が土地を買っているとかで、安全保障上脅威だ！とわあわあ騒いでいるみたいです。こういう安全保障上敏感なところで中国人、韓国人が土地を買うということは日本にとって一番嫌なことであるという証です。だから、それを逆手に取って、日本政府が沖縄に寄り添わないなら、沖縄は中国に寄っていき、沖縄に中国の拠点を作るかもしれないということを匂わせるんです。中国公船さらには軍艦の寄港の話も匂わせる。日本の一番嫌がるところを攻める（笑）。

そんな動きが少しでも見えれば、僕みたいな本土の大阪人からすると、心底びっくりしますし、ビビります。「沖縄のみなさん、ちょっと待って。とりあえず話し合いをしましょうよ」ということになるでしょう。沖縄がここまでの覚悟と気迫をもった行動をとったら、日本政府も本土の国民も、沖縄の主張を無視するわけにはいきませんよ。

２０１４年、イギリスのスコットランドがイギリスからの独立を問う住民投票をしかけました。結果は反対多数。しかしこの運動のおかげで、スコットランドは大幅な自治権拡大を獲得できました。２０１７年、スペインのカタルーニャもスペインからの独立を問う住民投票をしかけました。こちらは賛成多数だったのですが、中央政府が住民投票を無効とし、カタルーニャ州の自治権を停止。住民投票を主導したプチデモン前州首相を身柄拘束しようとしています。彼は現在、ベルギーに逃げています。しかし中央政府において政権交代が起き、カタルーニャにおいて住民投票の話が再燃し、現在カタルーニャの自治権拡大が議論されています。独立を問う住民投票というのは、中央政府を強烈に揺さぶり、結果として自治権拡大につながる可能性が高いのです。

日米地位協定の改定のところでも話しましたが、沖縄問題はつまるところ、アメリカからの日本の自立・独立の話でもあります。憲法9条によって、日本は国防軍を持たず、自らの存亡をアメリカに委ねてしまっている。アメリカに対して、きちんとモノを申すことができない立場です。ゆえに、アメリカが地政学上の沖縄の重要性を重視し、米軍基地が沖縄にあることにこだわるなら、沖縄問題はなかなか解決しません。日本がアメリカにきちんとモノを申していくためには憲法9条の改正によって、国防軍を持ち、真の自立・独立国家に生まれ変わる必要があります。

自立・独立国家という概念は、自主・独立防衛とは異なります。現実、日本の防衛のためにはアメリカの力を借りる必要があります。完全に日本一国で防衛するとなると、軍事費はいまの約5兆円の2倍、3倍ではすみませんし、核兵器まで保有するのかとなって夢想の世界です。だから、どこまでアメリカの力を借りるかが問題なのです。日本もきちんと国防軍を持ち、独立国としてやらなければならないところは、自らしっかりやりながら、足らない部分をアメリカに補ってもらい、逆にアメリカの足らない部分を日本が補ってあげる関係となるのか。それとも本来独立国家としてやらなければならないところまでアメリカにやってもらい、自分はアメリカに助けてもらうが、逆に自分はアメリカを助けないという独立国家としてあるまじきアメリカとの関係になるのか。

僕は憲法9条を改正して、前者のようなアメリカとの関係を築くべきだというのが持論ですが、日本国民はそのように考えていないのが現状です。日本国民が、様々な理由から後者のようなアメリカとの関係に甘んじるというなら、それは沖縄問題を解決する意思をある意味放棄したことにほかなりません。そうであれば、沖縄県民が日本から独立する意思を示し、沖縄自らの力で沖縄問題を解決していく覚悟と気迫を示す必要があります。もちろん本当に独立するかどうかではなく、そのような覚悟と気迫を示すことが重要なのです。

沖縄問題について本土もアメリカも本気になって解決してくれないのなら、沖縄自身が解決する。民主主義のルールの中で、やれることはすべてとことんやる。政府与党や本土との激しいケンカも辞さない。政府与党とのケンカと大げさに言っても、成熟した民主国家においては命まで獲られない。先の沖縄戦のことを考えれば、楽なものです。

最後は住民の力です。沖縄のみなさんが、沖縄の未来のために政府与党や本土と本気でケンカをするというなら、僕もできるかぎりの協力をさせてもらいたいと思います。沖縄の未来のために、頑張りましょう。

橋下 徹（はしもと・とおる）

1969年生まれ。弁護士。早稲田大学政治経済学部卒業。

2008年に大阪府知事、10年に地域政党「大阪維新の会」を創設。11年に大阪市長に就任。12年に国政政党「日本維新の会」を創設。15年に大阪市長を任期満了で退任。

著書に『体制維新－大阪都』（堺屋太一氏との共著）『橋下徹の問題解決の授業』『政権奪取論 強い野党のつくり方』『憲法問答』（木村草太氏との共著）がある。

ブックデザイン　萩原弦一郎（256）
写真　木村順子

沖縄問題、解決策はこれだ！

これで沖縄は再生する。

2019年1月21日　初版第1刷発行
2019年1月25日　初版第2刷発行

著　者　橋下 徹
発行者　原　雅久
〒101-0065 東京都千代田区西神田3-3-5
電話 03-3263-3321
http://www.asahipress.com/

印刷・製本　大日本印刷株式会社

ISBN978-4-255-01095-3